THIS BOOK BELONGS TO:

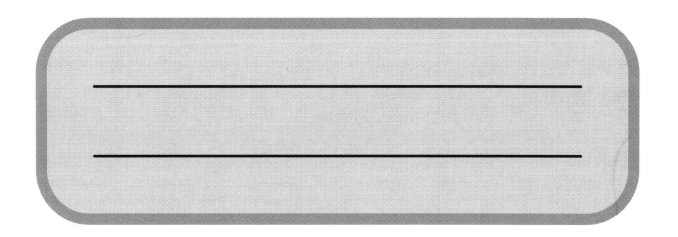

HELLO LITTLE LANGUAGE LEARNER

LET'S HAVE SOME FUN AND LEARN KATAKANA.

THIS BOOK IS PACKED WITH FUN ACTIVITIES LIKE:

- WRITING PRACTICE

- COLORING PICTURES WITH VOCABULARY

- WORD SEARCHES

やった
Hooray!

WE HAVE A SURPRISE FOR YOU

SCAN THE CODE ON THE BOTTOM TO GET EXTRA

PRACTICE SHEETS AND A COOL POSTER.

IF YOU NEED HELP ASK YOUR PARENTS.

Info & Disclaimer:

A QUICK NOTE ON THE WRITING SYSTEM KATAKANA. UNLIKE HIRAGANA WHICH IS USED FOR JAPANESE WORDS AND GRAMMAR, THE KATAKANA SYMBOLS ARE USED TO TRANSCRIBE FOREIGN WORDS INTO THE JAPANESE LANGUAGE.

SINCE THERE ARE NOT THAT MANY WORDS WRITTEN IN KATAKANA FOR EVERY CHARACTER, SOME OF THE WORDS YOU WILL FIND IN THE WORD SEARCHES OF THIS BOOK WOULD NORMALLY BE WRITTEN IN THE HIRAGANA SYSTEM. BUT TO HELP YOU GET A BETTER UNDERSTANDING OF THE NEW CHARACTERS, WE MADE THIS DECISION ON PURPOSE.

IF YOU NEED HELP WITH THE CHARACTERS, YOU FIND A CHART WITH ALL THE KATAKANA SYMBOLS, INCLUDING THE SPECIAL ONES, IN THE BACK OF THE BOOK. THE ANSWER KEY FOR THE WORD SEARCHES IS ALSO AT THE END OF THE BOOK.

IF YOU LIKE THIS WORKBOOK AND WANT US TO MAKE MORE LIKE IT IN THE FUTURE, THEN PLEASE LEAVE US A REVIEW ON AMAZON. IT HELPS OUT A LOT AND MAKES SURE THAT WE CAN CONTINUE MAKING BOOKS FOR YOU :)

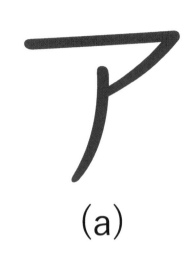

(a)

アヒル - duck
(ahiru)

ア - Words

```
ヤ ア カ イ ア タ ラ シ イ ヨ
ヘ サ ア ヲ ネ ヒ イ ヨ ハ シ
オ イ ア イ ト ヒ ア オ イ ヘ
ヨ ム ヨ ア ア   ア キ ヤ ナ
カ ア カ タ ソ ハ ア ニ テ リ
ク ヘ ヒ タ ブ マ ラ フ ア ナ
リ ク シ カ ロ ヒ ス フ メ ヨ
ケ ヌ ヘ イ ワ ニ エ ネ ノ ワ
シ イ イ セ ア タ マ ヌ ミ ヲ
セ カ   ア サ ユ ミ ヒ セ ア
```

アオイ - Blue
(aoi)

アカイ - Red
(akai)

アサ - Morning
(asa)

アメ - Rain
(ame)

アニ - Older Brother
(ani)

アタタカイ - Warm
(atatakai)

アソブ - Play
(asobu)

アタマ - Head
(atama)

アタラシイ - New
(atarashii)

アイ - Love
(ai)

イ

(i)

イヌ - dog
(inu)

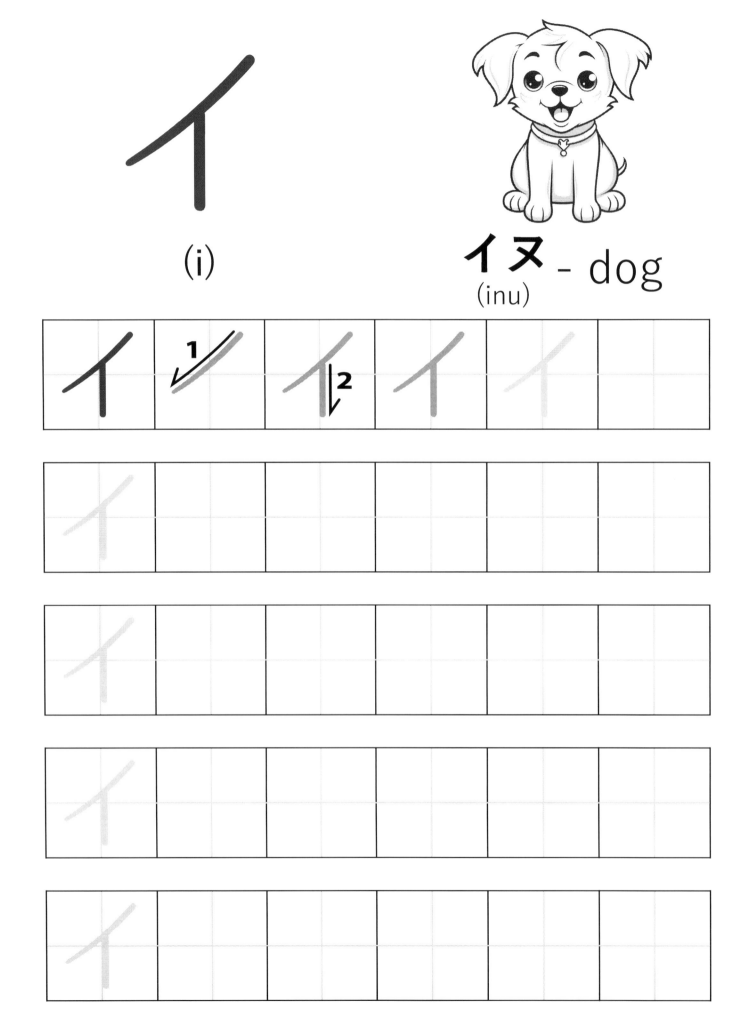

イ - Words

```
タ ワ イ ロ ハ ミ ツ ヤ シ ク
コ イ エ カ ヲ マ ヤ ク ウ ヤ
ヘ イ ミ キ レ ユ モ ミ ツ チ
ツ ク ト タ レ レ イ ロ ユ ニ
イ ッ シ ョ ラ ヒ ト ア 　 ヒ
ツ 　 イ ト イ セ ヒ ホ ス ニ
ラ ム ス オ モ ホ 　 ト イ エ
ス ネ イ ナ ウ サ キ ヤ ン イ
ヨ イ ヌ ホ ト セ ス ニ イ チ
ミ ラ フ ケ リ ヨ オ レ ケ ゴ
```

イヌ - Dog
(inu)

イロ - Color
(iro)

イス - Chair
(isu)

イト - Thread
(ito)

イエ - House
(ie)

イッショ - Together
(issho)

イモウト - Younger Sister
(imouto)

イク - Go
(iku)

イチゴ - Strawberry
(ichigo)

イケ - Pond
(ike)

(u)

ウマ - horse
(uma)

ウ - Words

```
カ コ キ サ ツ エ フ カ ラ チ
ヲ ツ ム   エ ソ ウ エ イ ル
ヲ   キ ヤ ケ ノ ウ ミ オ オ
ウ ン テ ン ウ ホ ン ケ ニ ヌ
ウ ユ ユ イ ラ   セ ウ キ ム
マ ナ ア ウ レ シ イ ル ヤ メ
ニ フ ナ レ ネ   オ サ ヨ イ
ウ サ ギ ロ ウ ヲ ヲ イ ク カ
ウ シ ア ヒ タ ヒ ウ マ シ セ
タ キ ヲ ネ エ   ヨ   オ ヌ
```

ウミ - Sea
(umi)

ウタ - Song
(uta)

ウサギ - Rabbit
(usagi)

ウエ - Above
(ue)

ウシ - Cow
(ushi)

ウルサイ - Noisy
(urusai)

ウラ - Back
(ura)

ウレシイ - Happy
(ureshii)

ウマ - Horse
(uma)

ウンテン - Driving
(unten)

エ

(e)

エビ - shrimp
(ebi)

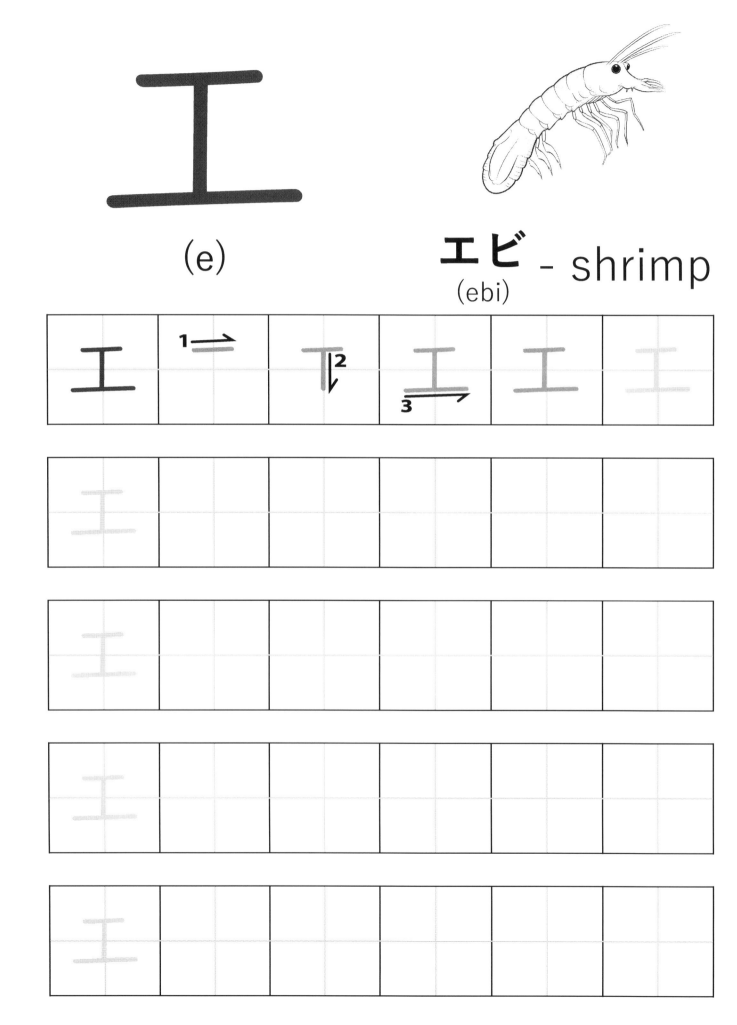

エ - Words

```
ハ エ ケ ラ サ マ エ エ ラ
セ オ キ チ ホ オ ナ ホ イ レ
ル フ カ サ サ ヌ ヲ ン ガ エ
ヤ ヘ エ エ イ ゴ ナ ナ ユ ン
リ ス サ キ レ ア ト ニ ハ ジ
エ ム ア タ ス ロ チ エ ロ ン
モ ハ メ イ ウ エ ヒ マ ア ケ
ワ ア ト ソ メ シ ラ エ ミ ワ
エ ビ タ ス ヤ ノ ラ ダ キ ワ
ネ ト ヘ エ ン ピ ツ ケ ソ ト
```

エンピツ - Pencil
(enpitsu)

エイゴ - English Language
(eigo)

エキ - Train Station
(eki)

エサ - Feed
(esa)

エホン - Picture Book
(ehon)

エキタイ - liquid
(ekitai)

エダ - Branch
(eda)

エビ - Shrimp
(ebi)

エンジン - engine
(enjin)

エイガ - Movie
(eiga)

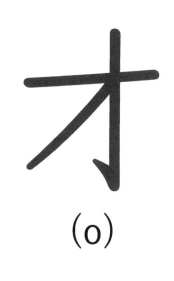

(o)

オオカミ - wolf
(ookami)

オ - Words

リ オ オ キ イ イ セ テ ス モ
ス ホ ラ ヌ サ キ オ レ セ ル
チ オ オ キ ナ イ ヤ ロ 　 ナ
オ オ ト コ ニ ヘ ツ ノ ト ロ
カ ネ ユ レ コ ト リ チ カ
ア エ オ コ シ ス キ オ ト ロ
サ サ ノ オ ト ウ サ ン ス エ
ン ン ン レ セ ナ レ ヘ テ ン
ト 　 タ カ オ ン ナ ヤ ワ ス
タ モ ホ オ モ チ ャ レ ホ ラ

オトコ - Man
(otoko)

オンナ - Woman
(onna)

オカアサン - Mother
(okaasan)

オトウサン - Father
(otousan)

オオキイ - Big
(ookii)

オヤツ - Snack
(oyatsu)

オモチャ - Toy
(omocha)

オト - Sound
(oto)

オネエサン - Older Sister
(oneesan)

オオキナ - Large
(ookina)

カ

(ka)

カンガルー - kangaroo
(kangaruu)

カ - Words

```
ナ カ イ ダ ン メ ケ ル ホ セ
ル レ カ ヨ ロ ノ カ ゼ コ カ
イ カ ラ オ カ タ ム ウ ア ゾ
ア ミ ス ト サ エ ム カ ナ ク
カ ワ 　 エ セ ロ カ イ シ ャ
ケ チ 　 ク ナ カ エ ル カ ヲ
　 ロ ホ リ ヲ ヨ ソ ム バ ロ
セ ユ ン テ リ オ ル ヤ ン テ
ス ル ラ レ ネ キ ラ モ サ ラ
ク ソ ソ ロ ロ カ ク リ イ ラ
```

カエル - Frog
(kaeru)

カイシャ - Company/Office
(kaisha)

カゼ - Wind
(kaze)

カミ - Paper
(kami)

カバン - Bag
(kaban)

カゾク - Family
(kazoku)

カラス - Crow
(karasu)

カワ - River
(kawa)

カイダン - Stairs
(kaidan)

カタ - Shoulder
(kata)

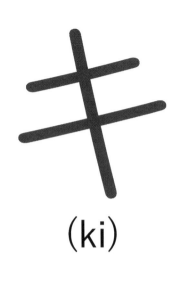

(ki)

キツネ – fox
(kitsune)

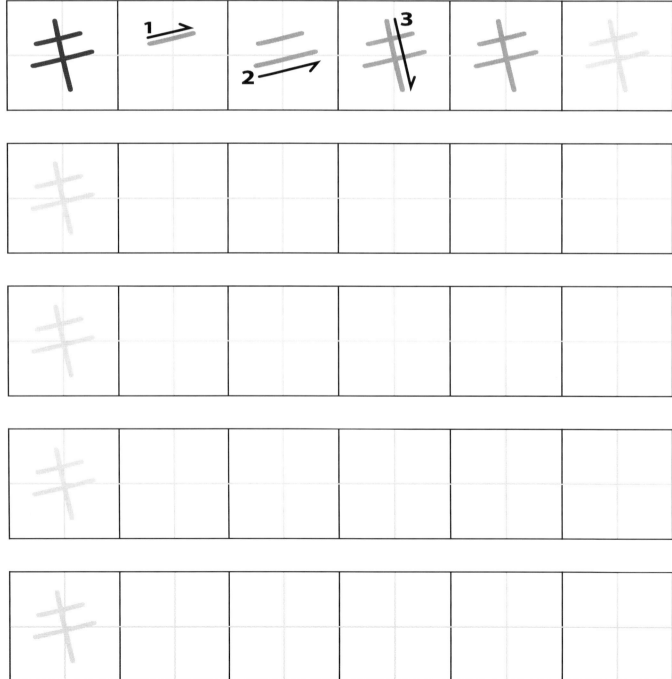

キ - Words

```
ヌ キ ッ プ レ ケ コ キ ボ ウ
イ ヤ キ サ キ ハ テ ツ ニ オ
チ ラ ユ キ ン ジ ョ ネ 　 キ
カ ル カ ク ト ソ マ ト ツ リ
テ シ ノ サ ル キ キ イ シ ン
ネ リ シ リ ヤ ョ モ キ セ ツ
キ キ シ キ エ ウ ノ ル ア サ
ソ ホ ヘ ン キ シ ル ナ ワ ナ
ル ソ ム ギ ミ ツ ウ キ カ コ
ア ヌ ツ ョ 　 タ ホ シ ン ツ
```

キツネ - Fox
(kitsune)

キョウシツ - Classroom
(kyoushitsu)

キミ - You
(kimi)

キセツ - Season
(kisetsu)

キリン - Giraffe
(kirin)

キンギョ - Goldfish
(kingyo)

キモノ - Traditional Japanese Clothing
(kimono)

キップ - Ticket
(kippu)

キンジョ - Neighborhood
(kinjo)

キボウ - Hope
(kibou)

ク

(ku)

クジラ – whale
(kujira)

ク - Words

サ チ ク ニ セ コ セ ヒ ム ン
ネ ク ク マ ロ ニ ホ ヘ セ ツ
モ ル マ ユ ヘ ク ナ ハ ヘ ユ
ト セ ク ロ リ ル ル エ キ ソ
ホ ノ ロ ア ナ マ タ ク サ リ
ヘ ク ツ ヲ サ ネ ソ イ カ ヲ
シ ラ カ ム ト ラ ツ ナ エ ミ
セ モ ワ シ ト ク ヤ ス ク ソ
フ ラ カ ク ラ ジ ン レ チ キ
ナ ソ ル ソ テ ラ エ ソ ツ レ

クルマ - Car
(kuruma)

クチ - Mouth
(kuchi)

クツ - Shoes
(kutsu)

クマ - Bear
(kuma)

クニ - Country
(kuni)

クル - Come
(kuru)

クラ - Warehouse
(kura)

クロ - Black
(kuro)

クジラ - Whale
(kujira)

クサ - Grass
(kusa)

ケ

(ke)

ケイト - knitting wool
(keito)

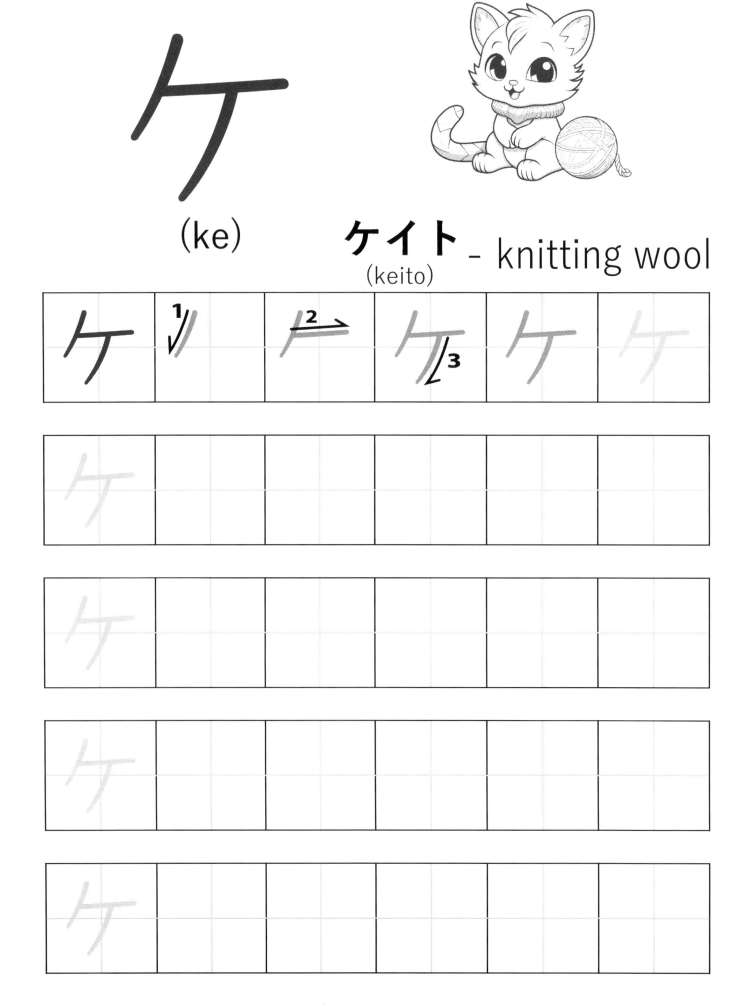

ケ - Words

```
ケ ケ ン ガ ク タ タ テ ヒ ユ
ー ハ レ サ マ チ カ ム ミ ユ
キ ン ケ メ テ ケ ニ セ ヌ サ
ヘ ス ン ヤ フ ン ラ サ ト ノ
ナ 　 ブ ケ サ コ マ チ ケ サ
ケ チ ツ サ ル ウ ム セ イ ナ
ッ ス ヨ ク ケ イ タ イ ケ ハ
コ モ セ ケ ム リ ヨ ニ ン テ
ン サ ヤ サ ネ 　 ケ イ サ ツ
ア コ チ ク オ ミ ル コ ニ ツ
```

ケサ - This Morning (kesa)

ケムリ - Smoke (kemuri)

ケイタイ - Mobile Phone (keitai)

ケンブツ - Sightseeing (kenbutsu)

ケッコン - Marriage (kekkon)

ケーキ - Cake (keeki)

ケンコウ - Health (kenkou)

ケンガク - Study (kengaku)

ケイサツ - Police (keisatsu)

ケイケン - Experience (keiken)

コ

(ko)

コウモリ - bat
(koumori)

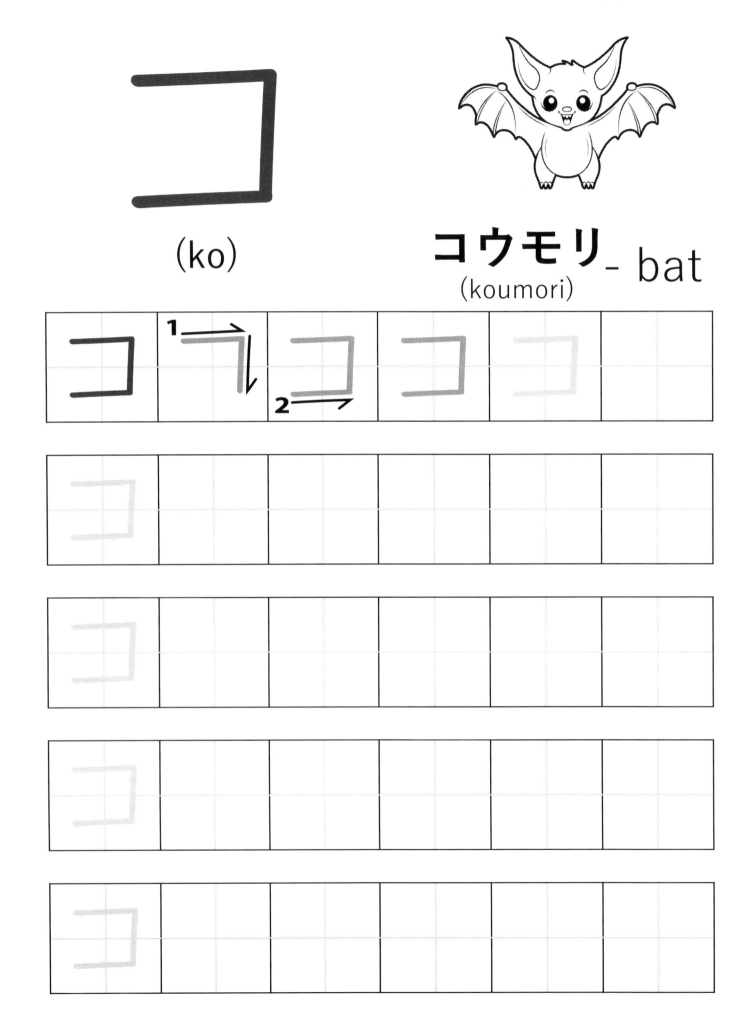

コ - Words

モ シ コ ネ コ コ ビ ト マ ネ
ミ ル リ ト シ フ ツ コ ラ コ
リ チ ニ ホ エ ラ セ ー レ ウ
イ ユ ネ ト ウ ヲ テ ヒ キ エ
タ ト ケ カ マ コ シ ー モ ン
キ コ オ コ シ ン キ ト ク
ロ ド オ ト テ ピ ノ ム ヌ ミ
ノ モ モ リ ヲ ュ ヒ ワ コ ラ
ヘ ア コ ワ イ ー ホ メ イ ロ
ン ハ コ ト バ タ フ オ ヌ サ

コドモ - Child
(kodomo)

コトバ - Word
(kotoba)

コウエン - Park
(kouen)

コシ - Hips
(koshi)

コネコ - Kitten
(koneko)

コビト - Dwarf
(kobito)

コワイ - Scary
(kowai)

コーヒー - Coffee
(koohii)

コイヌ - Puppy
(koinu)

コンピュータ - Computer
(konpyu-ta)

(sa)

サイ - rhino
(sai)

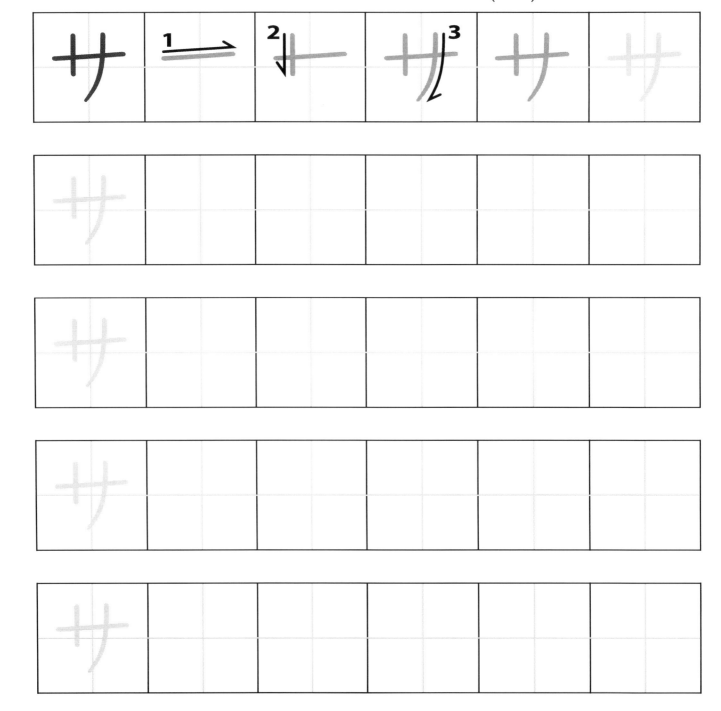

サ - Words

```
シ ケ ヘ ヲ ネ サ ラ ダ ン ネ
    ソ セ ユ ツ サ ト ウ ヘ
テ     カ ウ レ サ ヘ セ コ ロ
チ ア ミ フ ウ ワ ミ リ チ ス
サ ツ マ イ モ ル ヌ ラ マ ム
サ ヨ ヲ サ ビ シ イ シ サ サ
ク フ カ サ ク ミ ラ ヒ ク カ
ラ サ サ ヨ ウ ナ ラ ヌ ラ ナ
ン ニ     ミ ソ シ ケ エ ナ ワ
ボ ト ユ コ ロ ヨ ヤ ト ア エ
```

サクランボ - Cherry
(sakuranbo)

サビシイ - Lonely
(sabishii)

サカナ - Fish
(sakana)

サツマイモ - Sweet Potato
(satsumaimo)

サトウ - Sugar
(satou)

サワル - Touch
(sawaru)

サラダ - Salad
(sarada)

サヨウナラ - Goodbye
(sayounara)

サク - Bloom
(saku)

サクラ - Cherry Blossom
(sakura)

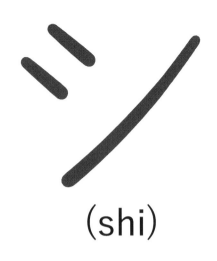

(shi)

シカ – deer
(shika)

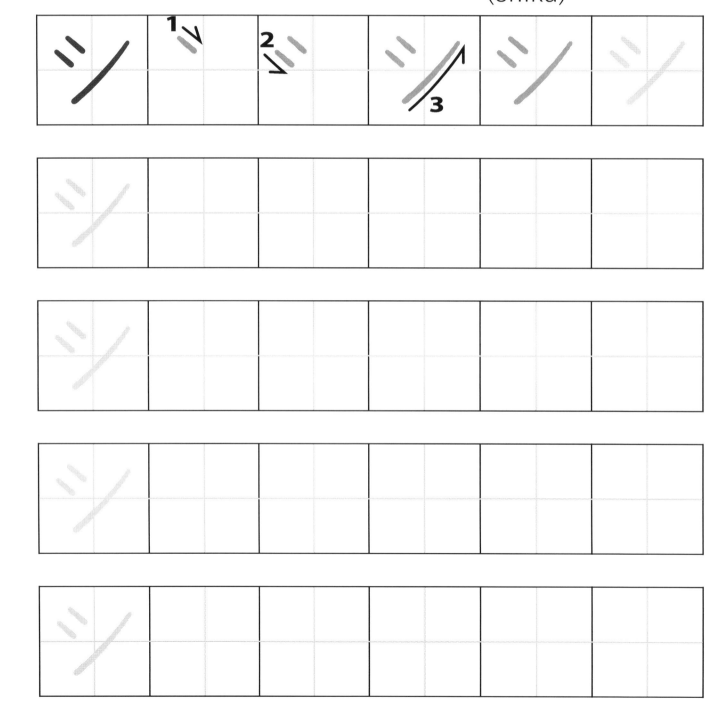

シ - Words

オ シ ン ブ ン シ マ チ ミ ヲ
ニ コ ア シ ハ カ ワ ワ ミ シ
シ オ 　 ロ ス シ ヌ ス エ ズ
ケ モ イ イ モ マ リ ミ ウ カ
シ ワ コ キ ヘ シ チ ョ ウ ヤ
ャ ユ マ ア 　 シ ン セ ン チ
シ ニ ロ ル ネ レ ホ ユ テ ネ
ン メ ユ ハ フ ユ ミ ク ソ ヨ
ワ ヲ ニ 　 コ ヨ メ オ シ ア
ワ シ ケ ン シ ケ ミ 　 ケ

シロイ - White
(shiroi)

シャシン - Photograph
(shashin)

シオ - Salt
(shio)

シケン - Test
(shiken)

シチョウ - Mayor
(shichou)

シマ - Island
(shima)

シカ - Deer
(shika)

シンセン - Fresh
(shinsen)

シンブン - Newspaper
(shinbun)

シズカ - Quiet
(shizuka)

ス

(su)

スズメ – sparrow
(suzume)

ス - Words

```
フ ク ネ ス キ セ ス イ エ イ
ス ル ス ワ ル ク ケ ツ ト オ
ス ミ レ ニ ス ハ コ テ ワ ヘ
ネ ロ ネ ン ズ ニ リ ラ イ メ
ン ロ ナ エ シ テ レ カ ス ツ
ス オ ト マ イ ナ カ セ ッ セ
イ ハ マ チ ヒ ウ リ ナ ピ タ
カ ウ ス ス ゴ イ ニ ヲ ン ト
ノ タ ソ ス カ ー フ ソ ノ ラ
メ 　 ヨ エ 　 ヘ ヤ リ ン サ
```

スミレ - Violet
(sumire)

スズシイ - Cool
(suzushii)

スイカ - Watermelon
(suika)

スワル - Sit
(suwaru)

スル - to do
(suru)

スッピン - No Makeup
(suppin)

スキ - Like
(suki)

スイエイ - Swimming
(suiei)

スゴイ - Amazing
(sugoi)

スカーフ - Scarf
(sukāfu)

セ

(se)

セイウチ - walrus
(seiuchi)

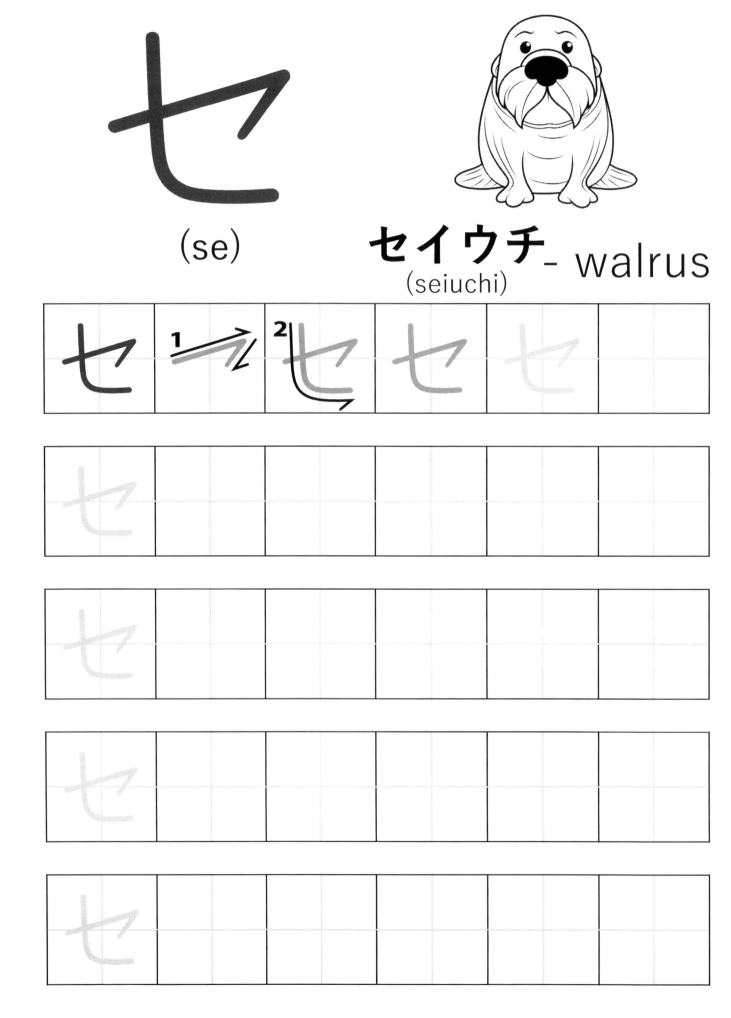

セ - Words

```
エ レ セ カ イ ヤ タ ア ト ン
ネ   エ ニ セ   ヤ フ シ ム
ラ フ ト   イ セ ン タ ー セ
セ ン タ ク カ ラ ユ ヌ ト ッ
オ ン ト リ ツ テ ス セ ニ ケ
ツ セ ン プ ウ キ ヨ ン ケ ン
セ ン セ イ ヒ ウ モ タ ツ ラ
ス ア セ ン ソ ウ   ク   オ
リ ト フ セ ー タ ー キ テ ム
ヨ ホ   ケ フ ク マ テ ワ ヒ
```

センセイ - Teacher (sensei)	センタクキ - Washing Machine (sentakuki)
セカイ - World (sekai)	セッケン - Soap (sekken)
センタク - Laundry (sentaku)	センソウ - War (sensou)
セイカツ - living (seikatsu)	セーター - Sweater (sētā)
センプウキ - electric fan (senpuuki)	センター - Center (sentā)

ソ

(so)

ソバ - japanese noodles
(soba)

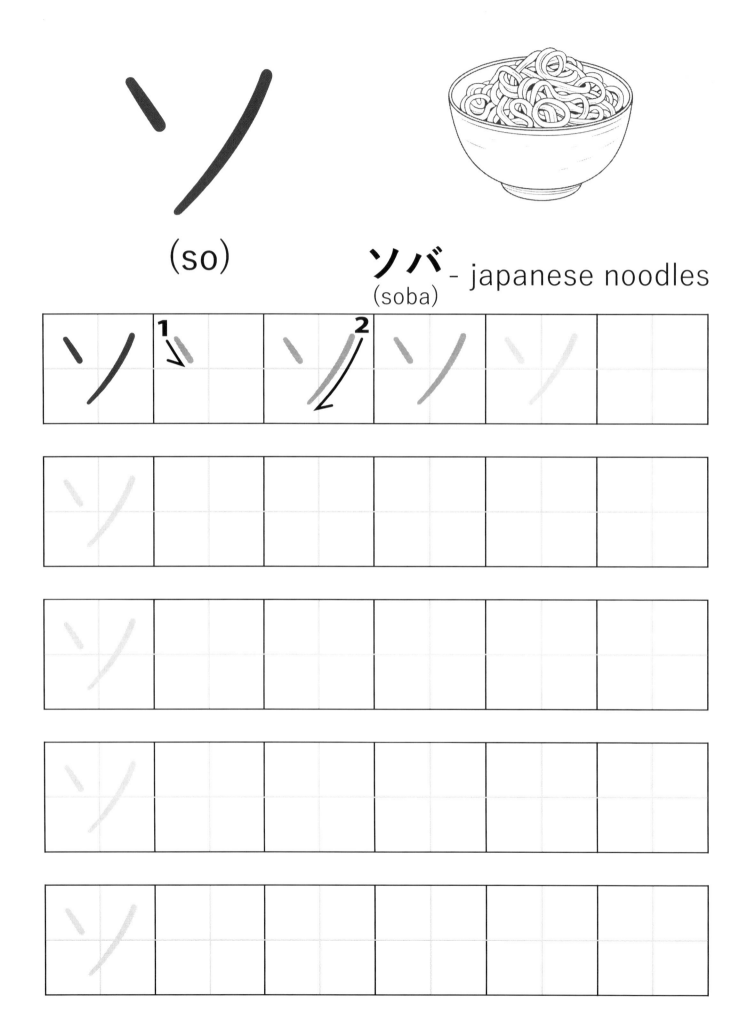

ソ - Words

```
ル ナ コ    イ キ ラ ヨ フ イ
ム ヌ ナ タ ス ソ フ ァ ソ ン
ソ ソ ソ ン グ タ ル キ ラ ウ
ム ッ ホ ト ソ コ ユ ソ ヒ ロ
カ ク ハ ケ ウ モ オ ウ ヲ ソ
メ ス ソ ラ マ メ シ ジ ソ タ
リ ハ ノ ソ ー ダ ノ    ッ セ
エ リ ソ ナ ソ ク カ ソ ク ウ
ヨ オ ム テ ル メ ヤ バ リ ヘ
ナ モ チ イ ヤ ネ ケ ニ ヘ ユ
```

ソラ - Sky
(sora)

ソックリ - just like
(sokkuri)

ソウジ - Cleaning
(souji)

ソファ - Sofa
(sofa)

ソバ - japanese Noodles
(soba)

ソックス - Socks
(sokkusu)

ソコ - there
(soko)

ソーダ - Soda
(sōda)

ソラマメ - Broad Bean
(soramame)

ソング - Song
(songu)

(ta)

タヌキ – tanuki
(tanuki)

タ - Words

```
ツ タ イ ム タ ケ ワ タ タ コ
ツ ベ チ サ ヒ ワ カ ク セ レ
   ル カ テ ハ ウ コ シ タ ノ
オ ヤ ヒ カ ケ セ ケ ー ワ
タ ワ ー サ タ イ ト    シ ヘ
テ コ ア オ メ ホ ヨ テ ツ ホ
ラ タ マ ゴ ク シ タ タ コ ヲ
タ ヌ ン ヤ ラ レ イ オ ホ
メ ノ ム ヒ メ カ ガ ル リ ツ
ヤ メ    タ ネ マ ー ク ツ サ
```

タベル - Eat
(taberu)

タワシ - Scrubbing brush
(tawashi)

タワー - Tower
(tawā)

タイガー - Tiger
(taigā)

タネ - Seed
(tane)

タオル - Towel
(taoru)

タマゴ - Egg
(tamago)

タクシー - Taxi
(takushī)

タイム - Time
(taimu)

タコ - Octopus
(tako)

チ

(chi)

チーター
(chiitaa) - cheetah

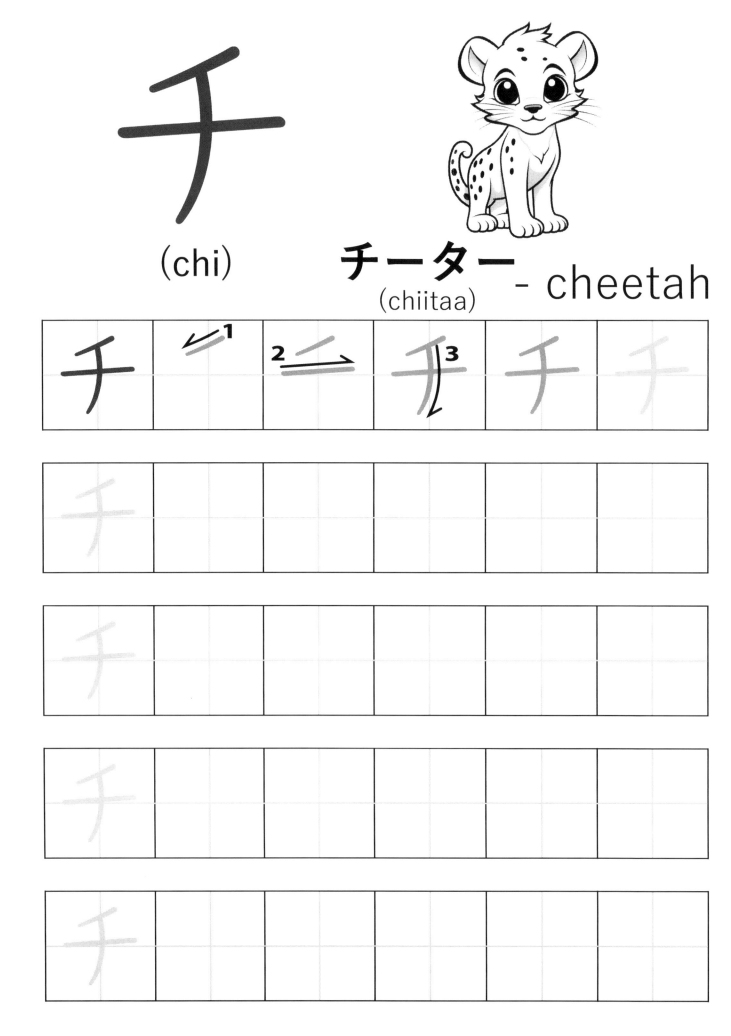

チ - Words

```
チ ホ コ カ ケ メ チ ケ ッ ト
ェ タ テ チ ヘ ヲ ユ ユ ユ ハ
リ イ ワ ュ ヲ ト ヒ ワ タ オ
ー ロ ル ー ユ ヒ ツ レ メ チ
エ チ レ リ ヌ ヌ ユ ヤ イ ョ
シ ャ チ ッ チ カ ラ キ ケ コ
メ ン ャ プ タ チ ー タ ー レ
チ ス イ シ ユ チ ー ム コ ー
ー ノ ル キ ヌ ノ カ ナ ル ト
ズ フ ド ホ テ オ ロ 　 ヌ ホ
```

チーズ - Cheese
(chīzu)

チーム - Team
(chīmu)

チョコレート - Chocolate
(chokorēto)

チャンス - Chance
(chansu)

チカラ - force
(chikara)

チーター - Cheetah
(chītā)

チケット - Ticket
(chiketto)

チェリー - Cherry
(cherī)

チューリップ - Tulip
(chūrippu)

チャイルド - Child
(chairudo)

ツ

(tsu)

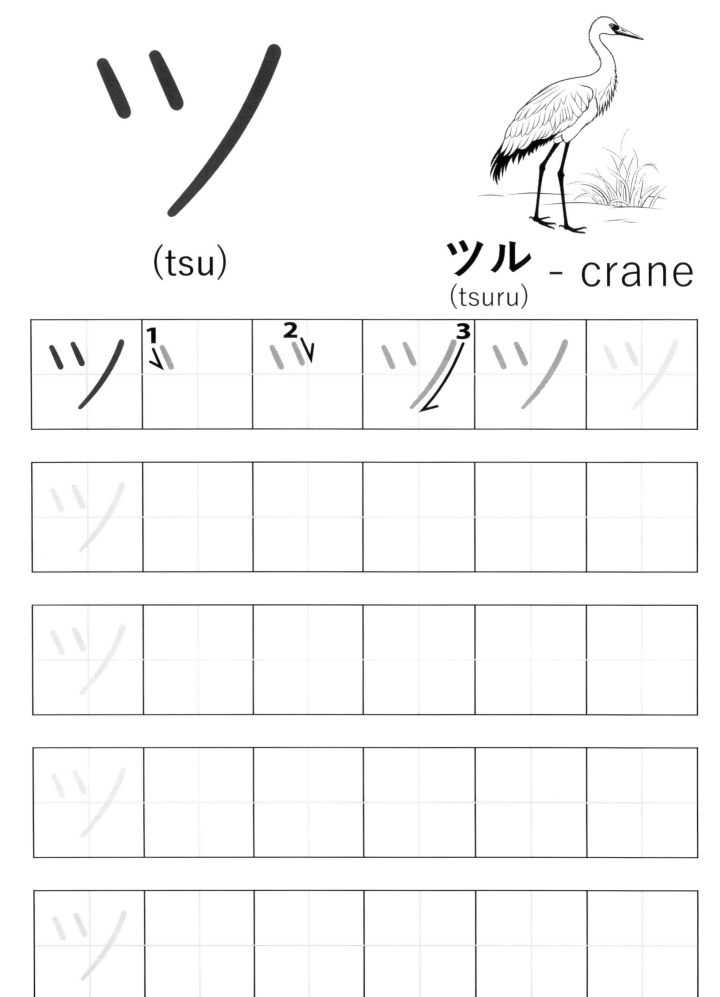

ツル - crane
(tsuru)

ツ - Words

```
ム ラ ハ フ ツ チ ツ ツ イ ン
ツ リ ー ソ ヨ ワ ル ナ ノ セ
ツ ヨ ウ ツ イ ス   オ ロ コ
レ ケ   ー ス ス ウ ト レ
ヨ イ ケ ル メ ツ ノ   タ カ
ヌ ク ツ キ ル ナ ツ イ ー ト
ツ ア ー ヨ ン ア ツ ヲ ミ ケ
ウ ヲ ニ ヲ メ テ ナ フ ラ ノ
モ   キ ス ヌ ム ミ リ ン シ
ネ キ ロ ヘ ナ ウ イ チ テ ク
```

ツリー - (Christmas) Tree
(tsurī)

ツナ - Tuna
(tsuna)

ツノ - Horn
(tsuno)

ツアー - Tour
(tsuā)

ツキ - Moon
(tsuki)

ツイン - Twin
(tsuin)

ツル - Crane (bird)
(tsuru)

ツイート - Tweet (on social media)
(tsuīto)

ツヨイ - Strong
(tsuyoi)

ツール - Tool
(tsūru)

テ

(te)

テレビ - television
(terebi)

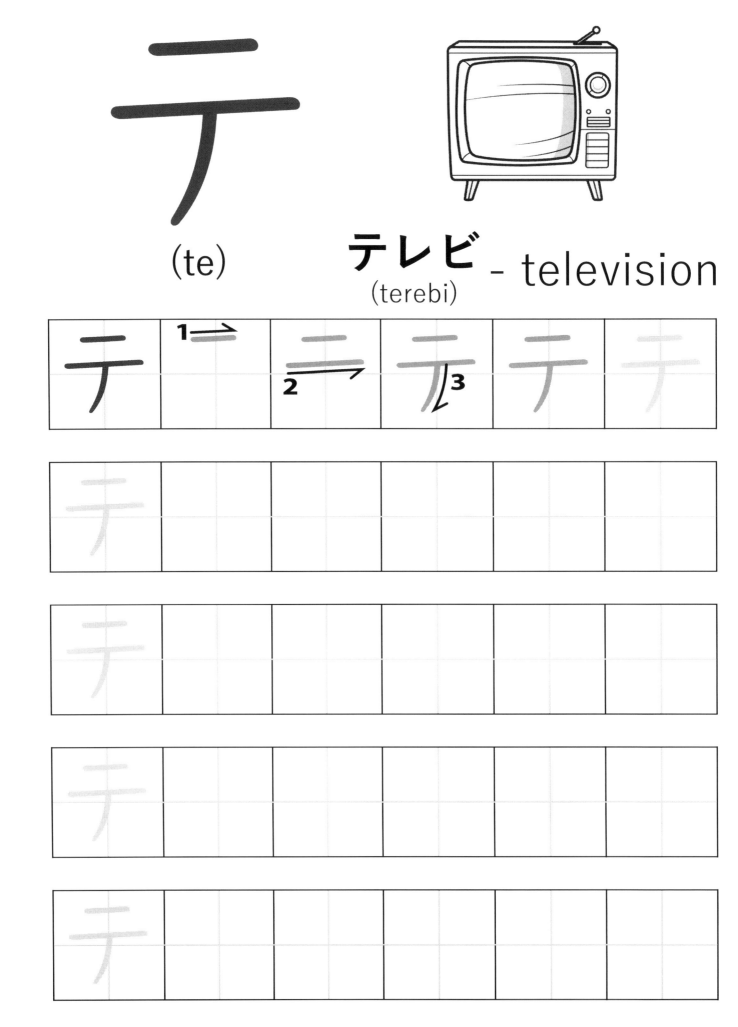

テ - Words

```
ル イ ハ ハ キ   テ ノ メ フ
ラ   ム ヘ   ヨ ー リ テ テ
ユ ヲ カ テ ス ト プ テ キ ニ
ナ テ モ ヤ ラ リ ホ ィ サ ス
ニ キ ヘ ソ ケ ア ヘ ー ス エ
キ ス ネ リ テ ィ ッ シ ュ シ
ム ト サ ウ ヤ テ チ ャ モ ウ
ハ テ ー ブ ル ワ タ ツ ヲ ユ
テ テ レ ビ ン   イ ワ エ イ
ツ ト   ミ ロ ア ヲ テ ン ト
```

テーブル - Table
(tēburu)

テキスト - Textbook
(tekisuto)

テスト - Test
(tesuto)

テント - Tent
(tento)

ティッシュ - Tissue
(tisshu)

テープ - Tape
(tēpu)

テレビ - Television
(terebi)

ティーシャツ - T-shirt
(tīshatsu)

テニス - Tennis
(tenisu)

テキサス - Texas
(Tekisasu)

(to)

トラ – tiger
(tora)

ト - Words

```
ナ ア ソ コ モ ラ ワ ヤ ヒ
フ エ カ ン ト ゥ イ ン ク ル
ト イ レ ッ ト ペ ー パ ー ウ
セ ト ラ ン ペ ッ ト ウ セ ト
ニ マ ユ ロ ネ ト コ ウ ト ラ
ト ヲ ヤ ミ キ ー リ コ マ ッ
ル ト ト イ レ ス シ ナ ト ク
コ ン ヤ ラ 　 ト モ ケ シ テ
ワ ネ テ キ タ ア サ ツ ク ヒ
ム ル キ コ テ ト ル ネ ー ド
```

トマト - Tomato
(tomato)

トイレ - Toilet
(toire)

トンネル - Tunnel
(tonneru)

トラック - Truck
(torakku)

トランペット - Trumpet
(toranpetto)

トースト - Toast
(tōsuto)

トイレットペーパー - Toilet paper
(toiretto pēpā)

トルコ - Turkey (the bird)
(toruko)

トルネード - Tornado
(torunēdo)

トゥインクル - Twinkle
(tuinkuru)

ナ

(na)

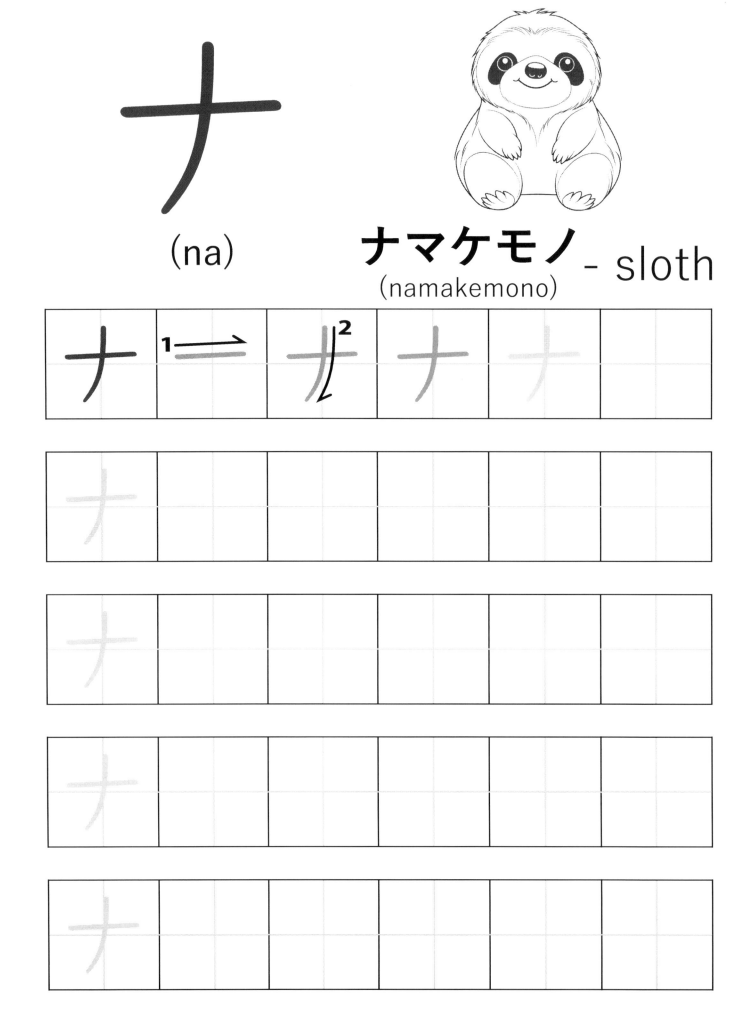

ナマケモノ - sloth
(namakemono)

ナ - Words

```
レ テ ユ マ ン ニ ナ イ ス ム
ミ ヘ   メ ロ ミ レ ナ ヨ ワ
レ タ   セ エ ヨ ウ ビ   ン
ヤ ナ ー ス ナ ナ ナ ゲ ヤ マ
ヒ ヘ リ ナ マ ッ ン ー テ ナ
ホ ス マ ッ ケ プ バ シ ナ イ
コ テ ユ ツ モ サ ー ョ イ ト
オ シ ハ ワ ノ ッ ノ ン フ ヨ
カ ナ シ ネ ロ ク エ ト マ ネ
ク ミ オ ル ヨ ヘ フ シ ソ ナ
```

ナマケモノ - Sloth
(namakemono)

ナイフ - Knife
(naifu)

ナッツ - Nuts
(nattsu)

ナース - Nurse
(naasu)

ナシ - Japanese Pear
(nashi)

ナビゲーション - Navigation
(nabigēshon)

ナンバー - Number
(nanbā)

ナイト - Night
(naito)

ナップサック - Backpack
(nappusakku)

ナイス - Nice
(naisu)

二

(ni)

ニワトリ - chicken
(niwatori)

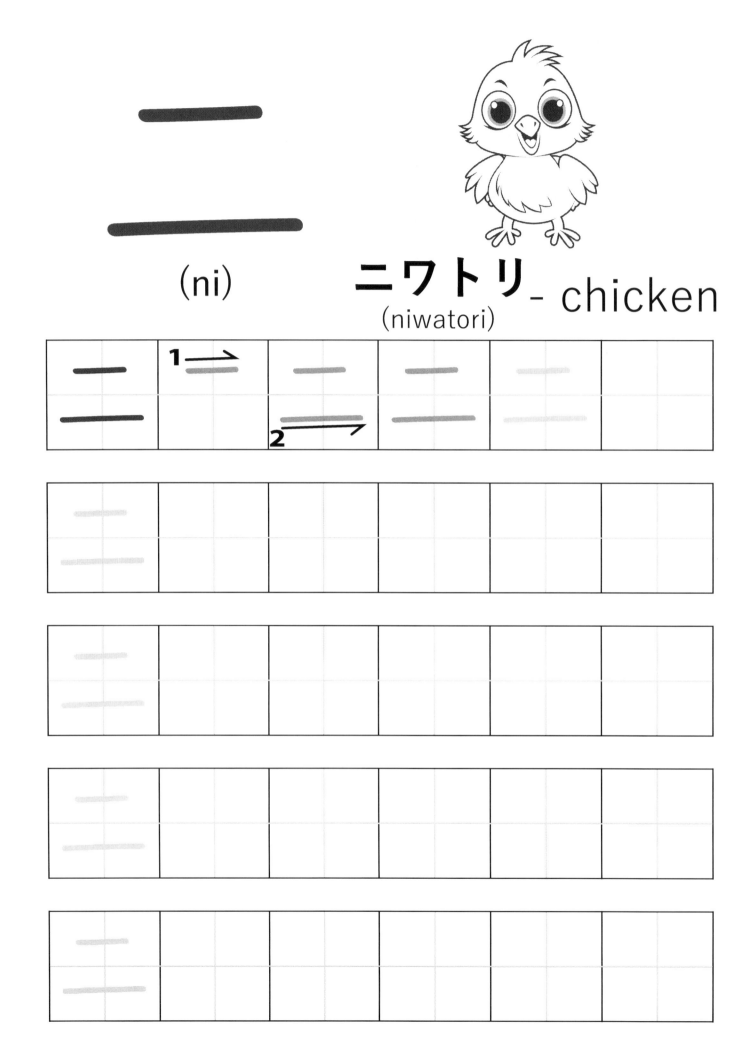

ニ - Words

```
ヤ ニ ハ マ ミ モ メ ニ ウ
ヲ シ ワ ヤ シ ニ ヨ ニ コ ネ
ロ ヘ ト ム エ コ ハ ュ ニ ニ
ニ ス リ ア セ ヨ サ ー コ ン
ッ ノ ス ヘ ホ ナ ニ ヨ モ テ
コ ニ ン ジ ン ト ュ ー オ ン
リ コ ナ ニ ッ ト ー ク ウ ド
ツ ヘ ワ モ ヌ ク ス ニ ウ ー
ニ ュ ー ト ラ ル オ ガ ツ メ
リ ヨ ユ テ カ 　 キ テ ラ マ
```

ニワトリ - Chicken
(niwatori)

ニット - knit
(nitto)

ニュース - News
(nyūsu)

ニンジン - Carrot
(ninjin)

ニコニコ - Smile
(nikoniko)

ニューヨーク - New York
(nyūyōku)

ニンテンドー - Nintendo
(Nintendō)

ニガテ - not very good at
(nigate)

ニッコリ - Grin
(nikkori)

ニュートラル - Neutral
(nyūtoraru)

（nu）

ヌマ - swamp
（numa）

ヌ - Words

```
ヌ ム チ ン ワ ト ン ヌ ヒ ノ
リ ソ ヤ テ ヌ マ ヌ ク レ
エ ヌ チ ヌ ヌ ル レ モ ノ ニ
ヒ イ リ イ ユ ノ ル リ ス ウ
ニ グ サ バ ヲ ヌ ー ド ル マ
サ ル レ リ ワ モ ム ツ ス ア
ケ ミ タ ヌ ア ヌ   チ タ タ
ワ ミ ケ ノ ニ メ チ キ ヘ ネ
カ ケ ク ヘ ハ リ   ニ ト ス
ヨ   レ ル   ス レ ン ニ ル
```

ヌードル - Noodle
(nūdoru)

ヌリエ - coloring book
(nurie)

ヌメリ - Slime
(numeri)

ヌクモリ - warmth
(nukumori)

ヌイバリ - Sewing Needle
(nuibari)

ヌノ - cloth
(nuno)

ヌレル - to get wet
(nureru)

ヌル - to paint
(nuru)

ヌマ - swamp
(numa)

ヌイグルミ - stuffed toy
(nuigurumi)

（ne）

ネズミ - mouse
（nezumi）

ネ - Words

```
ト タ セ ホ ケ チ ヌ　カ エ
キ ン オ フ　ユ シ ネ オ ン
ネ ア　マ ム ワ ヒ ワ メ ケ
モ リ ネ ガ テ ィ ブ ネ イ ル
ワ ヤ ヨ ヘ ネ ッ ト ワ ー ク
カ ル セ ネ ネ プ チ ュ ー ン
ヌ ネ チ パ ナ　ナ ネ コ ネ
チ ラ ラ ー モ リ ネ ズ ミ ク
ヘ ホ オ ル　ヌ イ チ ノ タ
ユ ウ ネ ッ ト ソ ニ ニ メ イ
```

ネコ - Cat
(neko)

ネガティブ - Negative
(negatibu)

ネクタイ - Necktie
(nekutai)

ネプチューン - Neptune
(nepuchūn)

ネオン - Neon
(neon)

ネズミ - Mouse, rat
(nezumi)

ネット - Net
(netto)

ネットワーク - Network
(nettowāku)

ネイル - Nail (for manicure)
(neiru)

ネパール - Nepal
(nepāru)

ノ

(no)　　ノルウェー- norway
　　　　(noruwee)

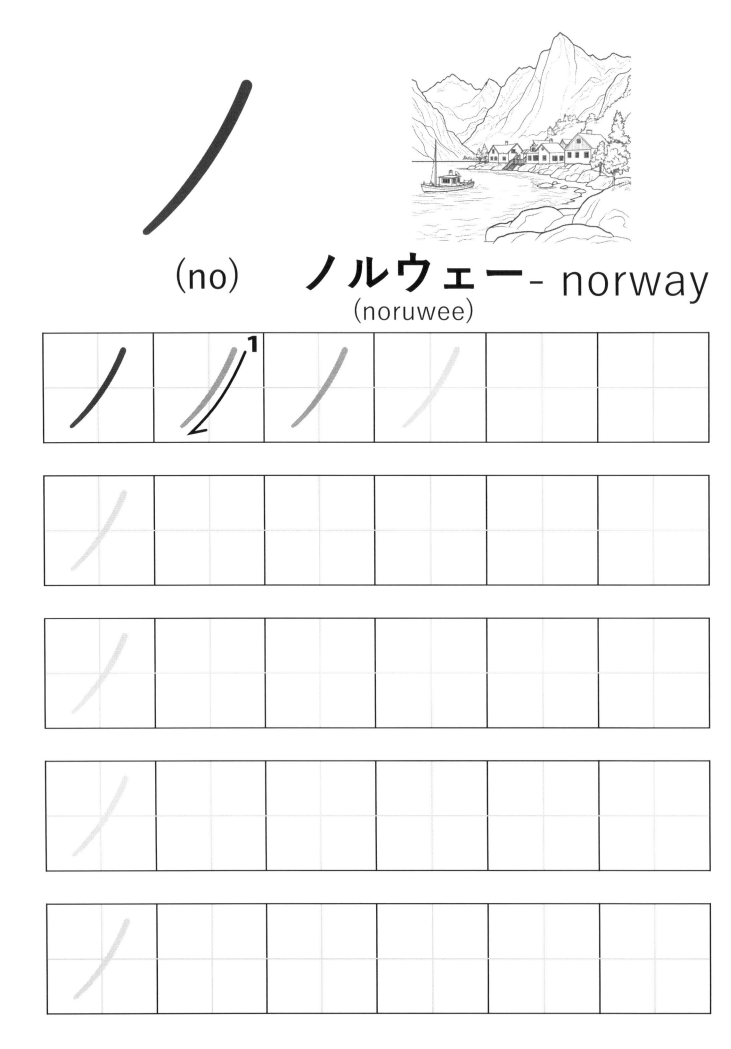

ノ - Words

```
ノ ア ニ ケ ア ラ キ ノ イ ズ
ヤ ヨ ノ ー マ ル マ 　 リ ヲ
コ メ ー ル ノ ヌ ユ ノ ヲ ノ
ノ タ ベ ハ フ リ ワ ミ ノ ー
ー シ ル ヲ ソ ラ 　 サ ー ベ
ス ヘ ヒ ミ ム ヌ イ ニ ト ン
リ ノ ー ト パ ソ コ ン ノ バ
ー ト ヘ ヌ マ ヒ レ ン ッ ー
ブ ル テ ヒ ン マ マ ケ ク ナ
ヒ マ ス セ ノ ル ウ ェ ー キ
```

ノート - Notebook
(nōto)

ノルウェー - Norway
(noruwē)

ノースリーブ - Sleeveless
(nōsurību)

ノミ - Flea
(nomi)

ノーベル - Nobel
(nōberu)

ノーベンバー - November
(nōbenbā)

ノイズ - Noise
(noizu)

ノートパソコン - Laptop
(nōtopasokon)

ノック - Knock
(nokku)

ノーマル - Normal
(nōmaru)

ハ

（ha）

ハリネズミ - hedgehog
（harinezumi）

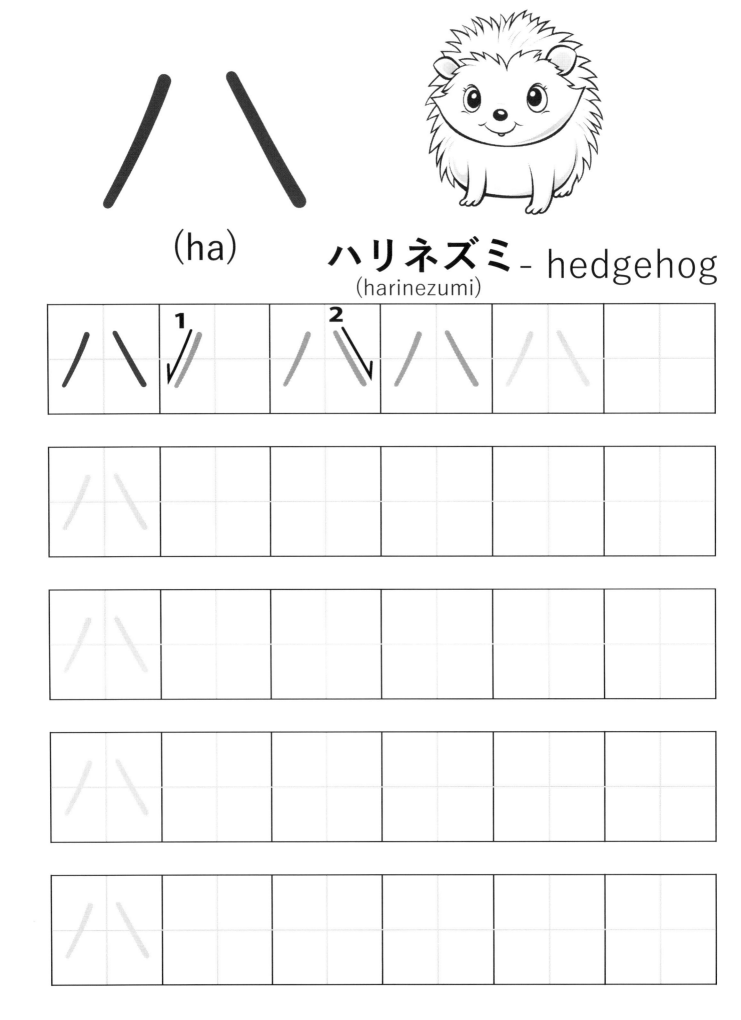

ハ - Words

```
ホ  ノ   ク イ ハ サ ミ ハ
ユ ホ ハ イ ウ ェ イ ツ ム リ
ハ ン カ チ タ ノ ユ ハ ノ ネ
ワ ハ ロ ウ ィ ン カ ン ハ ズ
セ ソ ヤ タ レ マ ロ バ シ ミ
エ ヒ ヤ ヲ マ シ コ ー マ ヤ
ハ ー ト ヨ ソ イ ホ ガ ケ ク
ム ヒ ヲ ツ ク   キ ー ネ テ
ヒ サ ネ ハ ン ド バ ッ グ ラ
ヒ ク ト オ ロ ツ レ ハ チ カ
```

ハート - Heart
(hāto)

ハサミ - Scissors
(hasami)

ハンバーガー - Hamburger
(hanbāgā)

ハイウェイ - Highway
(haiwei)

ハンカチ - Handkerchief
(hankachi)

ハンドバッグ - Handbag
(handobaggu)

ハロウィン - Halloween
(harowin)

ハリネズミ - Hedgehog
(harinezumi)

ハチ - Bee
(hachi)

ハシ - chopsticks
(hashi)

ヒ

(hi)

ヒーロー - hero
(hiiroo)

ヒ - Words

```
ヘ チ ヒ ー タ ー ス ウ ヒ
ン ツ ア ク ラ 　 カ タ メ ュ
ヒ ホ ヒ マ ワ リ ヒ ウ ハ ー
ッ ヒ 　 ノ マ エ ト ヒ コ マ
ト ー ン キ ヘ イ テ ッ エ ン
ロ ロ ユ ツ ヒ カ セ プ チ ヤ
ル ー オ ム ー サ ヒ ホ ソ
ツ テ ソ オ リ 　 ト ッ ス ホ
チ ア ラ ノ ン ラ デ プ ニ ク
ロ キ ヒ ヌ グ ヒ ツ ジ ヤ ヤ
```

ヒト - Person
(hito)

ヒツジ - Sheep
(hitsuji)

ヒーター - Heater
(hītā)

ヒマワリ - Sunflower
(himawari)

ヒット - Hit (success)
(hitto)

ヒーロー - Hero
(hīrō)

ヒューマン - Human
(hyūman)

ヒトデ - starfish
(hitode)

ヒップホップ - Hip-hop
(hippuhoppu)

ヒーリング - Healing
(hīringu)

フ

(fu)

フットボール - soccer
(futtobooru)

フ - Words

```
ス ヒ フ ル ー ツ イ イ ハ ホ
ク フ レ ン ド コ ミ レ ワ ト
ミ ヤ フ フ ラ ワ ー ワ ネ ケ
ニ セ リ フ ッ ト ボ ー ル ワ
ハ リ ク ヒ ユ ト フ ォ ー ク
ク レ ア ナ コ フ ラ イ ト フ
レ 　 ヤ フ ィ ル ム ネ ル ァ
フ ァ ー ス ト ロ ハ オ 　 イ
チ カ ツ ホ チ ワ ム ノ カ ヤ
ル ヒ フ ァ ッ シ ョ ン ケ ー
```

フラワー - Flower
(furawā)

フライト - Flight
(furaito)

フォーク - Fork
(fōku)

フィルム - Film
(firumu)

フットボール - Football (soccer)
(futtobōru)

ファッション - Fashion
(fasshon)

ファースト - First
(fāsuto)

ファイヤー - Fire
(faiyā)

フルーツ - Fruit
(furūtsu)

フレンド - Friend
(furendo)

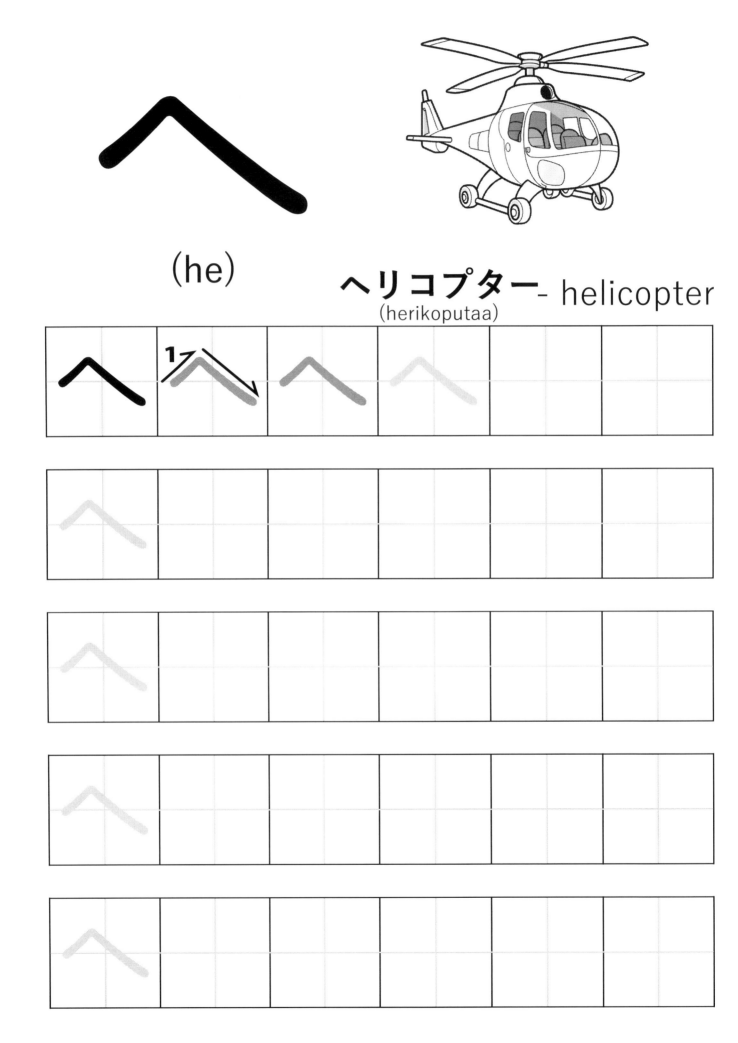

（he）

ヘリコプター - helicopter
（herikoputaa）

へ - Words

```
ヘ リ コ プ タ ー モ シ ヘ シ
ク ヘ ア バ ン ド サ ト ヴ ヘ
ハ ラ ケ タ ハ ト ク リ ィ ア
　 ヤ 　 ヘ ル シ ー ヌ ネ ド
ナ コ ユ カ シ ソ ネ ヌ ネ ラ
ヘ ツ ヘ ッ ド フ ォ ン エ イ
タ ヌ ワ ヘ ア ス タ イ ル ヤ
ア レ ヘ ッ ド ラ イ ト ヘ ー
ト モ セ ト ン ニ イ ヘ ビ ト
ヘ ル メ ッ ト チ ト セ ア ロ
```

ヘビ - Snake
(hebi)

ヘルメット - Helmet
(herumetto)

ヘアバンド - hair band
(heabando)

ヘルシー - Healthy
(herushī)

ヘッドフォン - Headphones
(heddofon)

ヘアドライヤー - Hair dryer
(headoraiyā)

ヘアスタイル - Hairstyle
(heasutairu)

ヘヴィ - Heavy
(hevi)

ヘッドライト - Headlight
(heddoraito)

ヘリコプター - Helicopter
(herikoputā)

ホ

（ho）

ホッキョクグマ - polar bear
（hokkyokuguma）

ホ - Words

ホ ッ プ ト キ テ ン ホ ウ ニ
ム ホ ッ ト ド ッ グ ヒ ア マ
ニ ニ ホ ホ ホ ホ テ ル ク コ
ル ホ ー タ マ ビ ヨ メ エ シ
チ ワ ム ニ ム ー チ 　 サ ヤ
ミ イ ツ 　 オ ロ ム ハ ヨ ア
リ ト ホ ー ル ホ ッ チ キ ス
テ 　 エ ノ ホ ッ ト ケ ー キ
ム チ ル ケ ヒ ス ヌ ネ ヤ ヘ
チ モ ホ ッ キ ョ ク グ マ レ

ホテル - Hotel
(hoteru)

ホッチキス - Stapler
(hotchikisu)

ホーム - Home
(hōmu)

ホワイト - White
(howaito)

ホットドッグ - Hot dog
(hotto doggu)

ホビー - Hobby
(hobī)

ホップ - Hop
(hoppu)

ホットケーキ - Pancakes
(hotto kēki)

ホッキョクグマ - Polar bear
(hokkyokuguma)

ホール - Hall
(hōru)

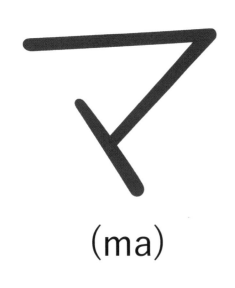

(ma)

マスク - mask
(masuku)

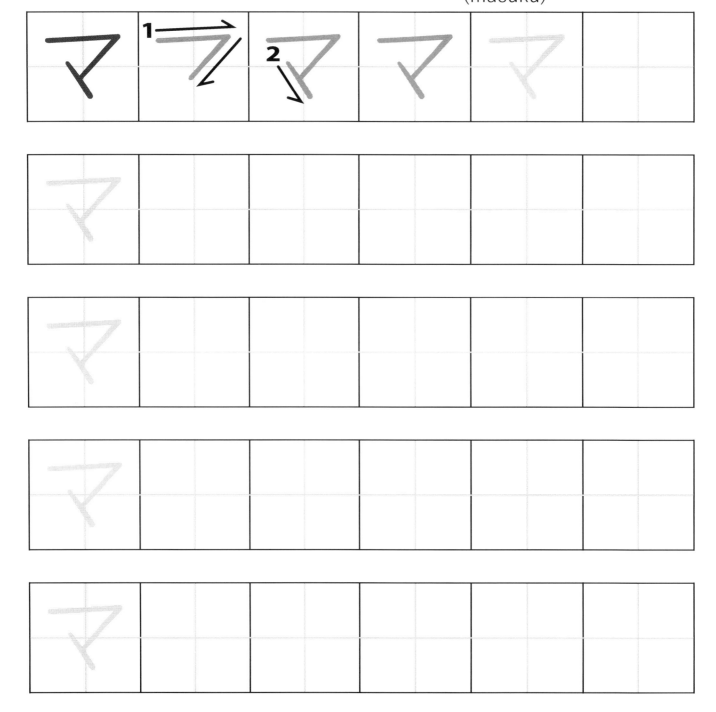

マ - Words

ネ ミ サ ロ マ ト セ イ イ サ
オ ノ タ ハ ッ ナ ヌ ヒ マ メ
ア 　 ミ キ サ コ ヘ ヒ ン エ
マ シ イ テ ー ヨ ノ チ デ テ
ラ ヨ モ ツ ジ モ ノ ン ー マ
ソ 　 ア マ ー ケ ッ ト ウ ウ
ン ニ ヤ ッ サ マ リ マ マ ス
モ マ ホ プ フ ス オ 　 カ ム
ケ ン フ ト ミ ク ラ ヨ ネ キ
エ ガ レ ル マ ジ ッ ク ラ マ

ママ - Mama
(mama)

マンガ - Manga (comic books)
(manga)

マウス - Mouse (computer)
(mausu)

マーケット - Market
(māketto)

マジック - Magic
(majikku)

マスク - Mask
(masuku)

マップ - Map
(mappu)

マラソン - Marathon
(marason)

マッサージ - Massage
(massāji)

マンデー - Monday
(mandē)

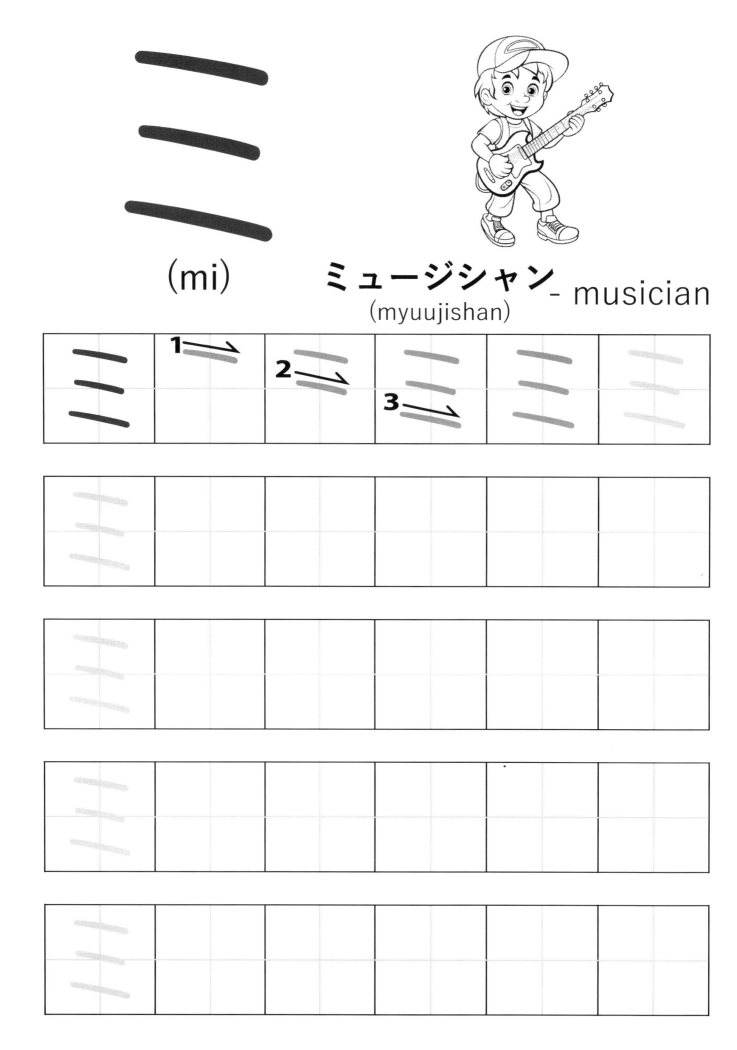

（mi）

ミュージシャン - musician
（myuujishan）

ミ - Words

```
ヨ ス ミ ッ シ ョ ン コ ヌ ヨ
ユ ニ ミ リ メ ー ト ル テ ラ
ミ ア メ ソ ニ ミ ツ バ チ ミ
ル ト ハ ミ ュ ー ジ ッ ク ラ
ク オ ミ ー ト ス ウ ヨ マ ー
レ ス ソ チ サ ヌ ウ ケ ニ ヨ
ミ ュ ー ジ シ ャ ン ウ ミ
サ ケ ニ イ セ ミ キ サ ー ニ
イ ク タ ク カ キ ハ ロ サ バ
ミ マ カ ミ メ チ ノ ヌ オ ン
```

ミルク - Milk
(miruku)

ミニバン - Minivan
(miniban)

ミラー - Mirror
(mirā)

ミリメートル - Millimeter
(mirimētoru)

ミュージック - Music
(myūjikku)

ミッション - Mission
(misshon)

ミート - Meat
(mīto)

ミュージシャン - Musician
(myūjishan)

ミキサー - Mixer
(mikisā)

ミツバチ - Honey Bee
(mitsubachi)

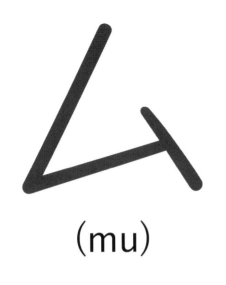

(mu)

ムラ - village
(mura)

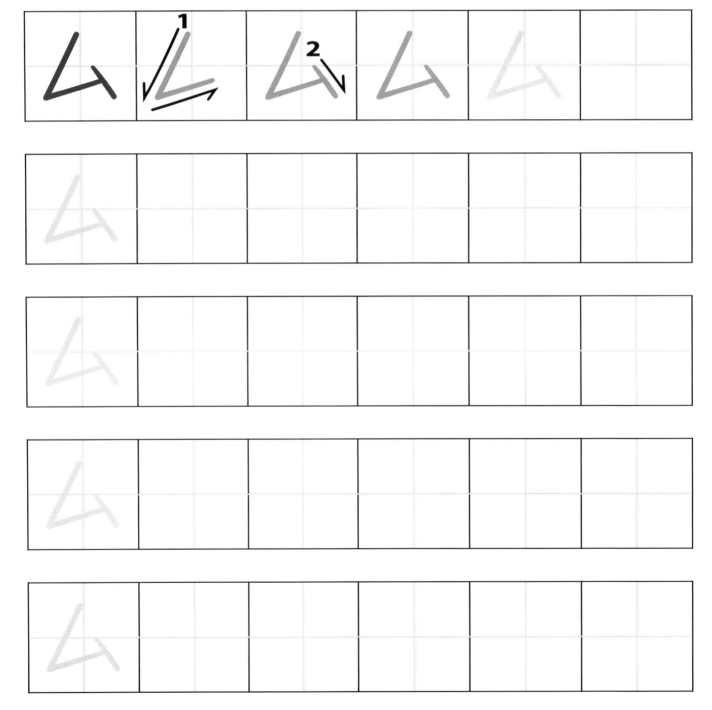

ム - Words

ケ ン カ ン イ キ キ ム ー ド
ミ ム リ ケ コ ナ ミ メ モ ソ
ロ ケ ム ス コ ク モ ヒ ヒ ム
ト ア ナ ン サ ム ラ ル オ ー
フ コ ユ ロ ケ ン リ オ キ ン
ケ ム ギ ロ シ ツ マ オ ネ ワ
チ ム ニ ワ ワ ム ホ ヒ ヘ ソ
シ ー ヒ サ ヘ ス オ ム ス ウ
テ ビ ム エ エ メ ヨ シ ニ ヒ
ノ ー ネ オ ネ ヌ モ サ ヘ シ

ムーン - Moon
(mūn)

ムラ - Village
(mura)

ムード - Mood
(mūdo)

ムネ - Chest
(mune)

ムービー - Movie
(mūbī)

ムスメ - daughter
(musume)

ムリ - Impossible
(muri)

ムスコ - son
(musuko)

ムシ - worm
(mushi)

ムギ - wheat
(mugi)

(me)

メザマシ - alarm clock
(mezamashi)

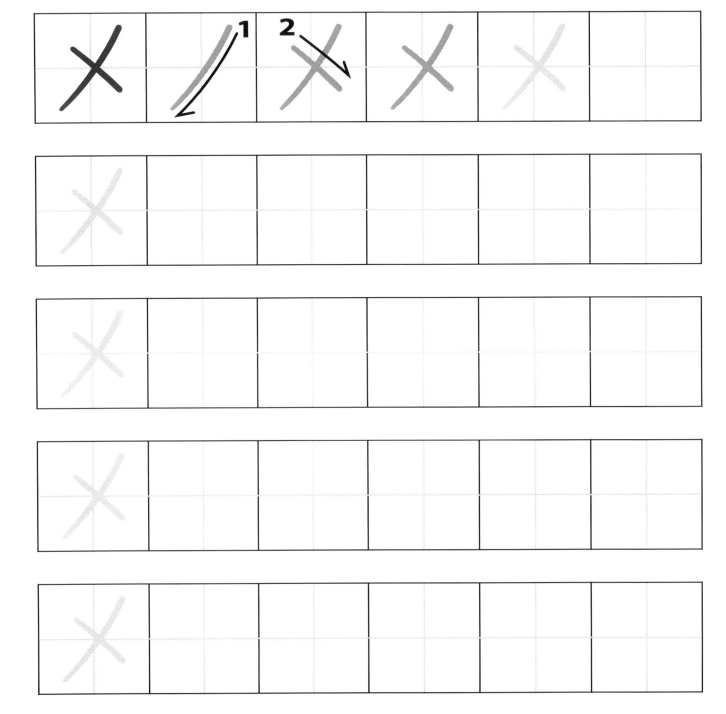

メ - Words

ヌ メ メ ト メ ー ル ヒ 　 チ
ノ メ キ ツ ヲ ノ ア シ 　 ヘ
セ ニ シ ネ メ ン ネ メ ガ ネ
セ ュ コ ム ヤ テ 　 レ ヲ メ
サ ー メ デ ィ ア メ モ ノ タ
メ ロ デ ィ ー ヨ ダ ン ク ル
ホ ツ カ ワ ホ レ ル ハ ン ス
ア カ ク ネ ン レ メ ザ マ シ
ロ セ ロ ル ロ ネ ア タ ネ ラ
ヘ メ ッ セ ー ジ ツ ヤ ヌ ル

メール - Email
(mēru)

メダル - Medal
(medaru)

メガネ - Glasses
(megane)

メタル - Metal
(metaru)

メキシコ - Mexico
(mekishiko)

メディア - Media
(media)

メロディー - Melody
(merodī)

メニュー - Menu
(menyū)

メッセージ - Message
(messēji)

メザマシ - Alarm Clock
(mezamashi)

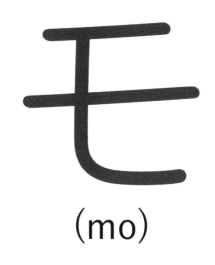

(mo)

モチ - mochi
(mochi)

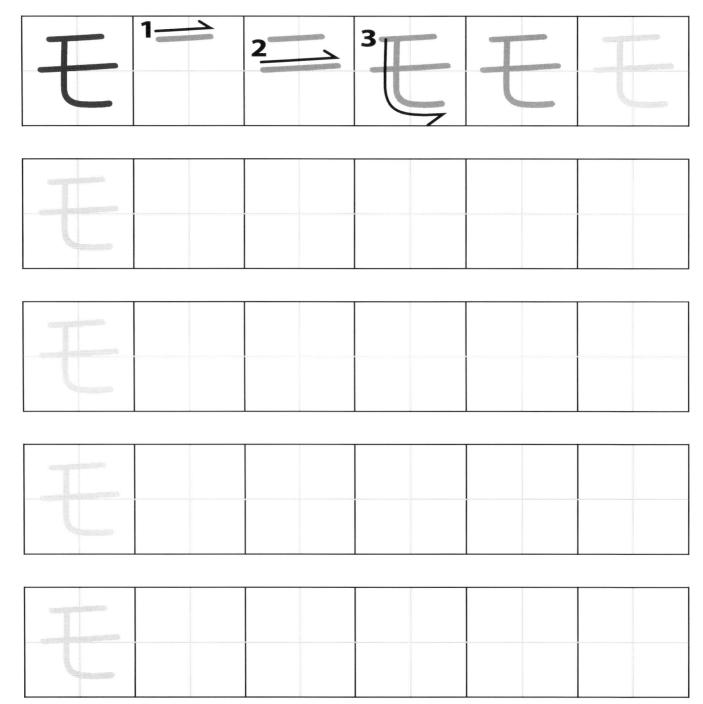

モ - Words

```
ト サ ス モ ソ ミ ト 　 ア ノ
ニ ミ ル ッ モ ー シ ョ ン
サ モ ヘ プ サ ミ イ オ ホ タ
ヒ チ モ ー ニ ン グ ミ レ サ
ナ ヌ モ モ ー タ ー ヲ セ モ
モ ク サ モ モ イ モ ミ メ デ
ン メ ケ モ バ サ ン ム 　 ル
ス セ ソ エ イ ノ キ エ ワ
タ リ ナ カ ル モ ー ホ ヌ カ
ー ユ ヘ イ サ モ ム ネ モ ナ
```

モンキー - Monkey
(monkī)

モデル - Model
(moderu)

モーニング - Morning
(mōningu)

モバイル - Mobile
(mobairu)

モンスター - Monster
(monsutā)

モーション - Motion
(mōshon)

モーター - Motor
(mōtā)

モップ - Mop
(moppu)

モモ - peach
(momo)

モチ - japanese rice cake
(mochi)

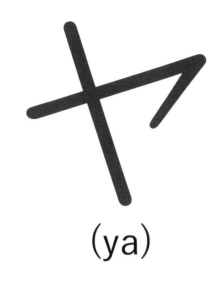

(ya)

ヤマ - mountain
(yama)

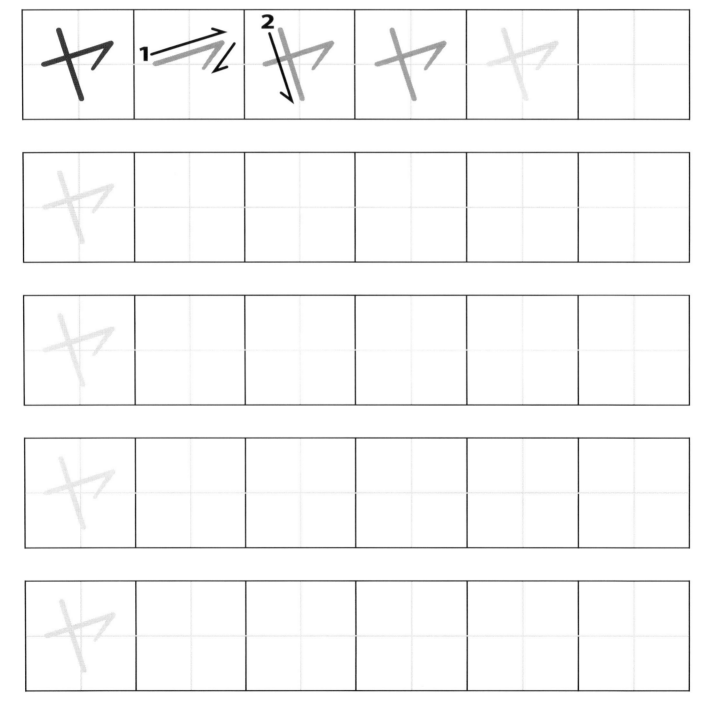

ヤ - Words

```
ラ ヲ ム ヤ マ シ イ ワ ム ニ
マ ヤ バ イ ト ハ ツ ハ ネ ネ
ス ヤ ギ ム マ   チ シ サ カ
ヲ ア ミ ヤ ホ ヤ マ ウ ヒ ヤ
ヤ ス ム シ ヤ フ エ フ ト キ
ド チ リ ミ ガ ム イ セ   ト
ク ア ム カ テ ラ ヨ ン ハ リ
ア マ ヨ ユ ヒ ツ ヤ エ ヌ ヒ
ミ レ ヤ ク ノ オ カ サ サ ス
ヌ エ レ ワ ル タ ン ウ サ ナ
```

ヤギ - Goat
(yagi)

ヤキトリ - Grilled chicken skewers
(yakitori)

ヤマ - Mountain
(yama)

ヤシ - Palm tree
(yashi)

ヤバイ - Dangerous or risky
(yabai)

ヤド - home
(yado)

ヤガテ - soon
(yagate)

ヤカン - kettle
(yakan)

ヤク - to bake, to grill
(yaku)

ヤスム - to rest
(yasumu)

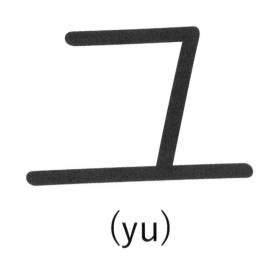

(yu)

ユリ
(yuri) – lily

ユ - Words

テ キ ヒ ネ ホ ユ ー ス ノ テ
ソ ネ ユ ビ ウ ム テ ロ ナ ホ
ロ チ ラ ウ ク チ タ ヨ ロ レ
フ ノ メ ユ メ メ ネ ユ メ ワ
ル ホ ナ リ ユ ト 　 ー ラ ネ
ハ ヌ ハ ア カ セ ニ モ テ オ
ハ ユ ニ フ ォ ー ム ア セ イ
ユ ニ ー ク キ マ ミ ト チ ュ
ユ ー ザ ー イ タ ユ ロ ハ デ
モ ケ ネ カ ユ レ マ ユ ミ ル

ユーザー - User
(yūzā)

ユーモア - Humor
(yūmoa)

ユニーク - Unique
(yunīku)

ユース - Youth
(yūsu)

ユニフォーム - Uniform
(yunifōmu)

ユリ - Lily
(yuri)

ユビ - finger, toe
(yubi)

ユデル - to boil
(yuderu)

ユカ - floor
(yuka)

ユミ - bow
(yumi)

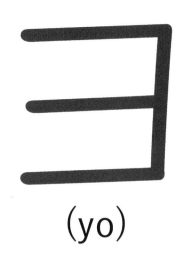

(yo)

ヨム - to read
(yomu)

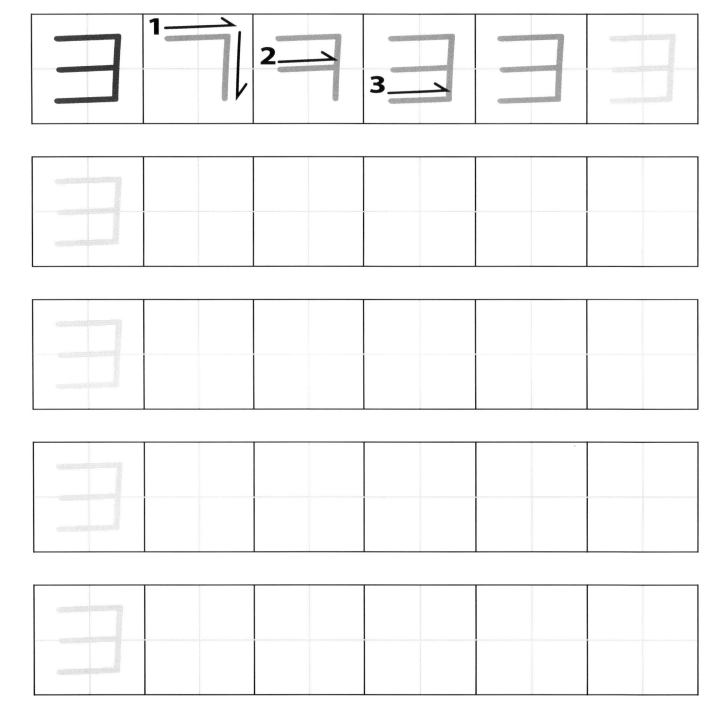

ヨ - Words

サ ニ ノ ロ ヨ ヤ ヨ ッ ト ワ
ヨ ア 　 フ ブ ヨ ム ラ ウ エ
ー マ ハ ソ ヨ ー ロ ッ パ
グ ニ ロ ネ ン モ ヨ カ ユ ヨ
ル ヌ ヨ カ リ ス ホ ヌ ケ カ
ト メ ダ ソ ヨ シ タ ヨ ゴ レ
ロ ト レ 　 ア シ ル テ イ ハ
テ カ カ キ ケ コ ヌ レ イ ヲ
シ サ ケ マ ヲ 　 タ ワ リ エ
ア ソ フ ノ ス ニ ソ ロ ユ

ヨーグルト - Yogurt
(yōguruto)

ヨット - Yacht
(yotto)

ヨーロッパ - Europe
(Yōroppa)

ヨアケ - dawn
(yoake)

ヨブ - to call
(yobu)

ヨダレカケ - bib
(yodarekake)

ヨゴレ - dirt
(yogore)

ヨカ - spare time
(yoka)

ヨム - to read
(yomu)

テイ - plans
(yotei)

ラ

(ra)

ランニング - running
(ranningu)

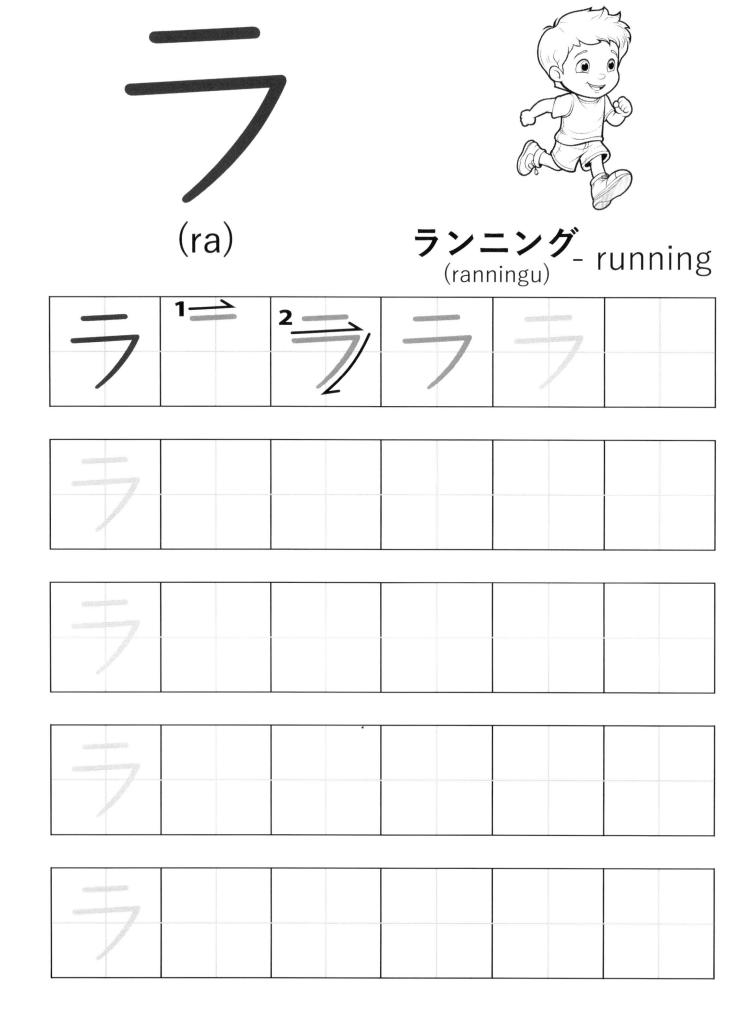

ラ - Words

```
レ レ チ ア ウ   ラ ジ オ レ
ラ ウ ス ヘ ロ ヲ イ ル サ ツ
ー ソ レ ノ ヌ ン ト シ ヨ フ
メ ネ   ヨ ヌ ラ イ オ ン テ
ン ハ ル ラ レ ア ヲ ツ ラ ニ
カ カ ラ ラ ヘ ウ エ ラ ン ラ
タ ナ イ イ エ ア ツ ン チ ン
ホ コ ネ シ ラ リ フ ニ マ ク
キ ヘ ン ュ ン チ ヘ ン モ オ
ユ メ モ ー プ ヤ ワ グ ツ ユ
```

ライオン - Lion
(raion)

ラジオ - Radio
(rajio)

ランチ - Lunch
(ranchi)

ライト - Light
(raito)

ランニング - Running
(ranningu)

ランプ - Lamp
(ranpu)

ラーメン - Ramen
(rāmen)

ライシュー - next week
(raishū)

ライネン - next year
(rainen)

ランク - rank
(ranku)

(ri)

リンゴ – apple
(ringo)

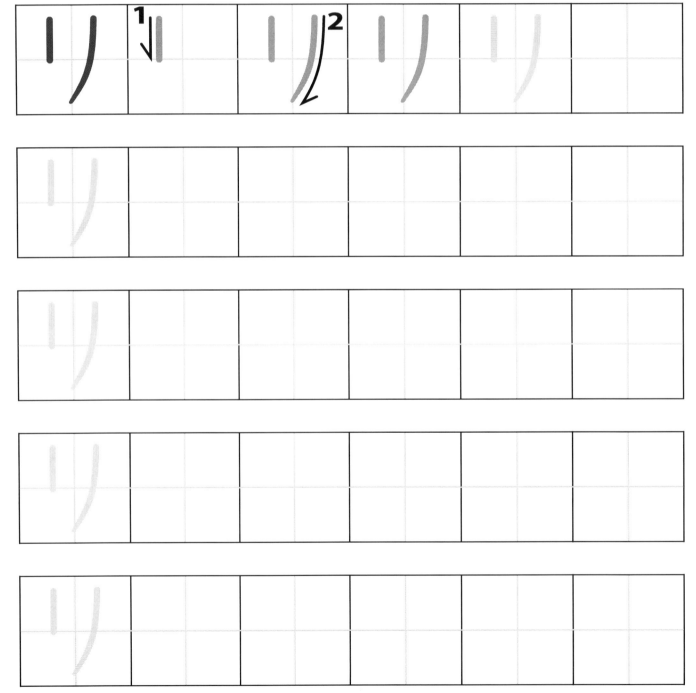

リ - Words

ミ ナ ロ リ テ リ モ ー ト
マ ヨ ミ ヲ ー フ ウ リ レ セ
テ 　 ン ハ フ シ 　 ヌ イ ヘ
フ ム ソ イ ウ フ チ 　 ミ シ
リ ボ ン ン ケ リ ー ダ ー ヨ
マ ロ リ ス ト ユ ミ フ オ ム
ヲ リ ズ ム リ ク タ タ ラ ヘ
ヌ リ ス ク ン セ ム フ ン フ
リ ン ゴ キ グ テ ラ リ ム ウ
リ サ イ ク ル ス ヒ ア セ ム

リンゴ - Apple
(ringo)

リーダー - Leader
(rīdā)

リング - Ring
(ringu)

リスク - Risk
(risuku)

リーフ - Leaf
(rīfu)

リサイクル - Recycle
(risaikuru)

リモート - Remote
(rimōto)

リズム - Rhythm
(rizumu)

リボン - ribbon
(ribon)

リスト - list
(risuto)

（ru）

ルイケイ - pattern
（ruikei）

ル- Words

```
ヲ リ ュ ッ ク サ ッ ク ル ハ
エ ム ハ ル レ    オ ウ ー ウ
ム ス ム ー カ ル レ ヨ ト コ
ワ コ メ チ ヨ ー ル キ ヌ ヌ
ロ ヤ ニ ン レ ム イ ル ル エ
ヘ モ ル ー プ メ ケ ッ ー ケ
ス ク モ ネ セ イ イ ク ム ム
レ カ ヘ カ ム ト ノ ネ オ ロ
ウ ル ー ル ブ ッ ク ル ー ル
コ ク セ ヤ    ヤ セ ト ン マ
```

ルール - Rule
(rūru)

ルーム - Room
(rūmu)

ルート - root
(rūto)

ルーチン - Routine
(rūtin)

ループ - Loop
(rūpu)

ルック - Look
(rukku)

ルイケイ - pattern, shape
(ruikei)

リュックサック - backpack
(ryukkusakku)

ルールブック - rule book
(ruurubukku)

ルームメイト - roommate
(ruumumeito)

レ

(re)

レーザー - laser
(reezaa)

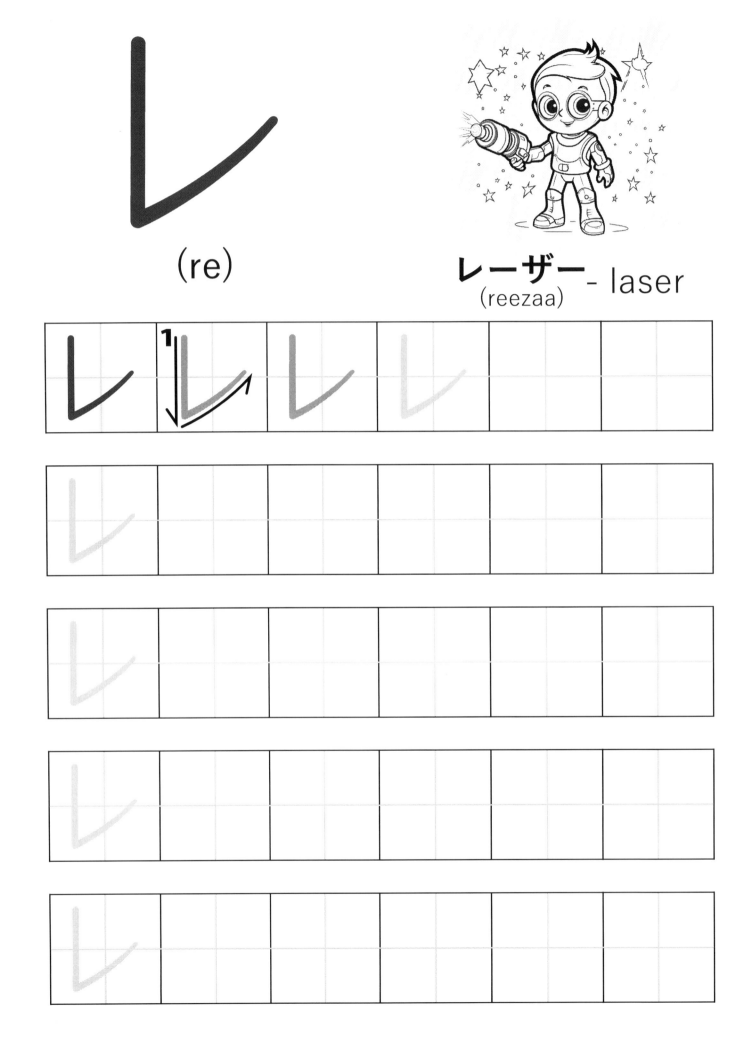

レ - Words

```
エ ン レ ー ザ ー ノ ヤ ワ タ
ル タ ホ ホ テ ニ ヤ ヒ ン コ
ヤ ヌ ス ト サ ア ニ ク ノ ユ
レ レ ン シ ュ ー ユ ム レ ヲ
ス オ リ ケ ツ リ レ シ ピ ワ
ト コ コ レ 　 レ ラ チ ン レ
ラ カ ハ ベ ユ ギ 　 ヒ ル ー
ン ト テ ル マ ュ レ レ レ ス
ヘ ヤ ワ エ ス ラ ン モ キ ヨ
コ ワ ヒ シ 　 ー ジ ン シ ホ
```

レストラン - Restaurant
(resutoran)

レーザー - Laser
(rēzā)

レモン - Lemon
(remon)

レース - Race
(rēsu)

レシピ - Recipe
(reshipi)

レキシ - history
(rekishi)

レベル - Level
(reberu)

レンジ - stove
(renji)

レギュラー - Regular
(regyurā)

レンシュー - practice
(rensjuu)

（ro）

ロボット - robot
(robotto)

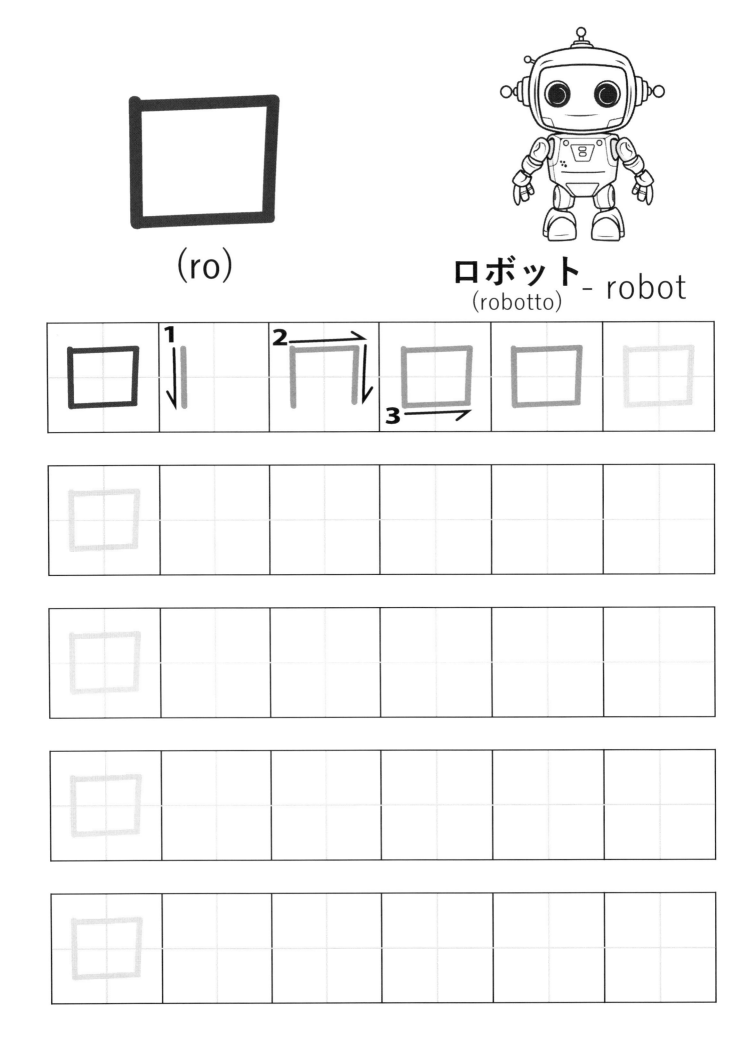

ロ - Words

```
フ サ フ　　カ ヘ シ コ ヲ
エ ロ ナ ホ ロ ボ ッ ト タ イ
ス ー セ ケ ケ ロ ウ ジ ン マ
エ プ　　ツ エ オ ウ ウ ロ リ
ヨ ヘ ア ネ ロ ロ タ ロ ー エ
ク ン キ ヌ ニ ー ル ケ ラ ヤ
ロ ー ド シ ム カ ン ッ ー ヤ
ロ ー ソ ク ム ル　　ト ノ モ
ン ス エ ル ト ヨ テ モ ホ ナ
グ レ ロ マ サ ロ マ ン ス ユ
```

ロボット - Robot
(robotto)

ローラー - Roller
(rōrā)

ロケット - Rocket
(roketto)

ロング - Long
(rongu)

ロープ - Rope
(rōpu)

ロード - Road
(rōdo)

ローカル - Local
(rōkaru)

ロウジン - old person
(roujin)

ロマンス - Romance
(romansu)

ローソク - candle
(roosoku)

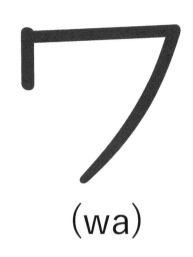

(wa)

ワシ - eagle
(washi)

ワ - Words

```
ソ ヲ エ ワ カ イ セ ユ ナ キ
モ ロ ヌ ネ ワ キ エ メ   ケ
  ン ワ ロ ル   ホ ホ タ サ
タ カ ー ワ シ ユ ナ   ム
イ ノ ル ソ ワ イ シ ャ ツ ミ
ム コ ド ソ ワ ム ミ ヘ メ ソ
サ ワ シ ン ト ン リ セ テ カ
テ チ チ ン サ マ ハ ス レ ナ
ワ ン ダ フ ル シ ン ワ タ シ
ワ ー ム ニ セ ル メ ニ ア カ
```

ワニ - Crocodile
(wani)

ワイシャツ - shirt
(waishatsu)

ワーム - Worm
(wāmu)

ワカイ - young
(wakai)

ワールド - World
(wārudo)

ワキ - armpit
(waki)

ワンダフル - Wonderful
(wandafuru)

ワタシ - I, me
(watashi)

ワシントン - Washington
(Washinton)

ワシ - eagle
(washi)

ヲ

(o)

テ ヲ アラウ – wash hands
(te o arau)

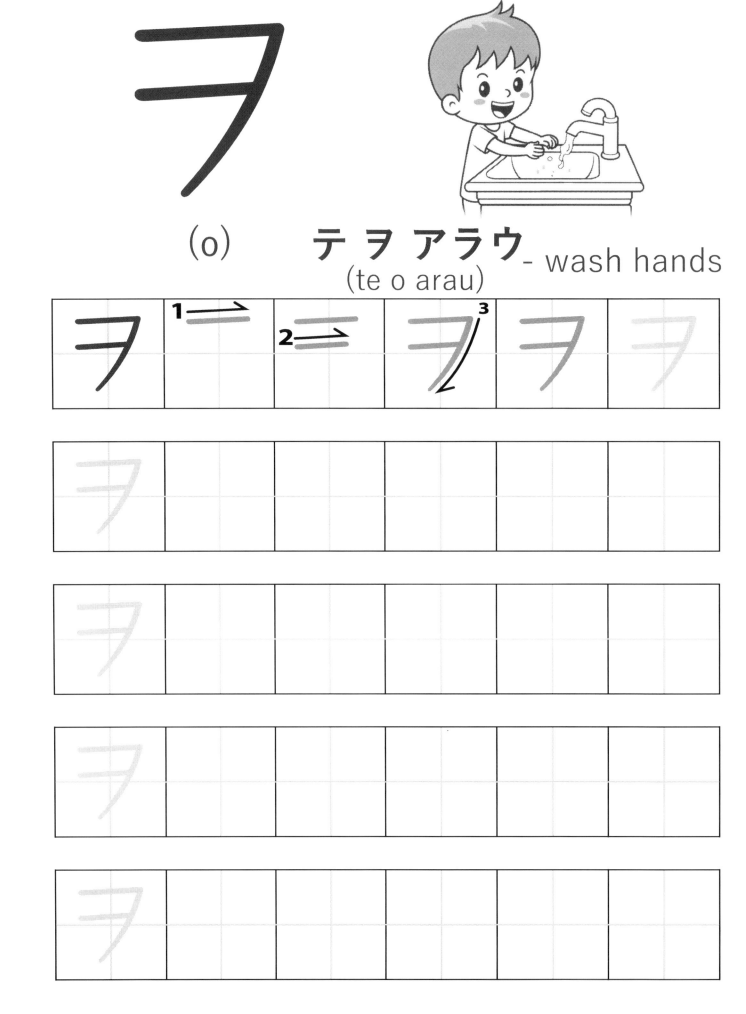

ン （n）

ホン
(hon) - book

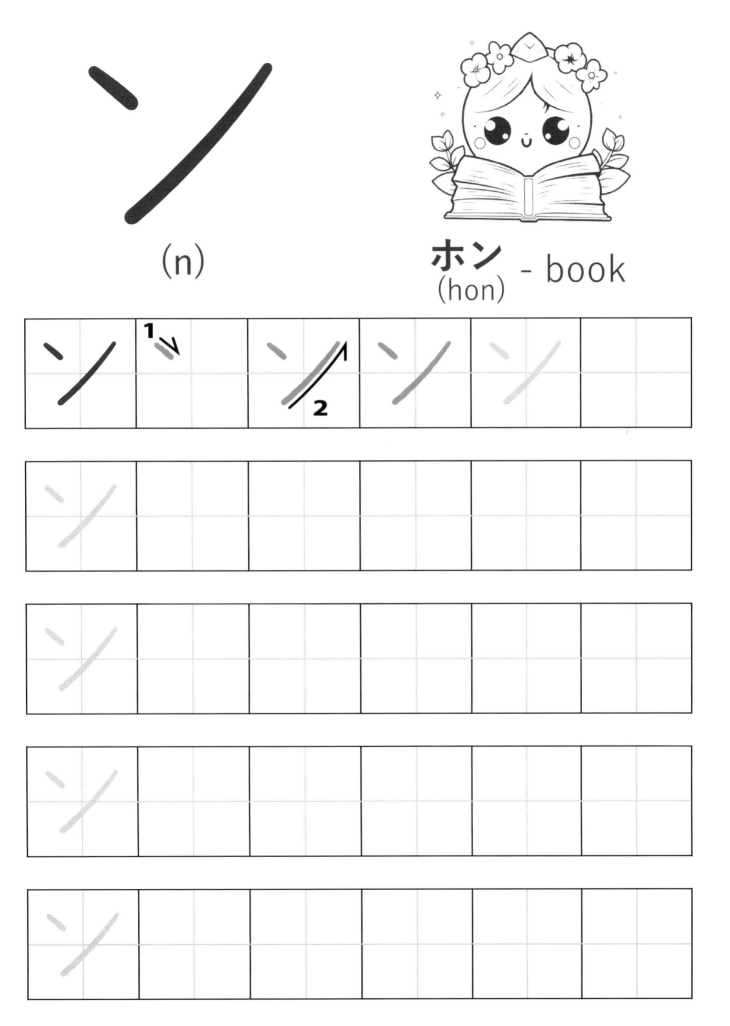

KATAKANA CHART カタカナ

	a	i	u	e	o	**ya**ヤ **yu**ユ **yo**ヨ		
no consonant	ア a	イ i	ウ u	エ e	オ o			
k	カ ka	キ ki	ス ku	ケ ke	コ ko	キャ kya	キュ kyu	きょ kyo
s	サ sa	シ **shi**	す su	セ se	ソ so	シャ sha	シュ shu	ショ sho
t	タ ta	チ **chi**	ツ **tsu**	テ te	ト to	チャ cha	チュ chu	チョ cho
n	ナ na	ニ ni	ヌ nu	ネ ne	ノ no	ニャ nya	ニュ nyu	ニョ nyo
h	ハ ha	ヒ hi	フ **fu**	ヘ he	ホ ho	ヒャ hya	ヒュ hyu	ヒョ hyo
m	マ ma	ミ mi	ム mu	メ me	モ mo	ミャ mya	ミュ myu	ミョ myo
y	ヤ ya		ユ yu		ヨ yo			
r	ラ ra	リ ri	ル ru	レ re	ロ ro	リャ rya	リュ ryu	リョ ryo
w	ワ wa				ヲ o			
[n]	ン n							
" - ten ten **k → g**	ガ ga	ギ gi	グ gu	ゲ ge	ゴ go	ギャ gya	ギュ gyu	ギョ gyo
s → z	ザ za	ジ **ji**	ズ zu	ゼ ze	ゾ zo	ジャ ja	ジュ ju	ジョ jo
t → d	ダ da	ヂ **ji**	ヅ **zu**	デ de	ド do			
h → b	バ ba	ビ bi	ブ bu	ベ be	ボ bo	ビャ bya	ビュ byu	ビョ byo
° - maru **h → p**	パ pa	ピ pi	プ pu	ペ pe	ポ po	ピャ pya	ピュ pyu	ピョ pyo

small ツ

ツ short pause

Katakana is based on the five vowels a, i, u, e, o. The characters written **bold** indicate sounds differing from the pattern. All other characters are made by combining a consonant with a vowel sound.

Answer Key

ア

```
ヤ ア カ イ ア タ ラ シ イ ヨ
ヘ サ ア ア ヲ ネ ヒ イ ヨ ハ シ
オ イ ア イ ト ヒ ア オ イ ヘ
ヨ ム ヨ ア ア　 ア キ ヤ ナ
カ ア カ タ ソ ハ ア ニ テ リ
ク ヘ ヒ タ ブ マ ラ フ ア ナ
リ ク シ カ ロ ヒ ス フ メ ヨ
ケ ヌ ヘ イ ワ ニ エ ネ ノ ワ
シ イ イ セ ア タ マ ヌ ミ ヲ
セ カ　 ア サ ユ ミ ヒ セ ア
```

イ

```
タ ワ イ ロ ハ ミ ツ ヤ シ ク
コ イ エ カ ヲ マ ヤ ク ウ ヤ
ヘ イ ミ キ レ ユ モ ミ ツ チ
ツ ク ト タ レ レ イ ロ ユ ニ
イ ッ シ ョ ラ ヒ ト ア　 ヒ
ツ　 イ ト イ セ ヒ ホ ス ニ
ラ ム ス オ モ ホ　 ト イ エ
ス ネ イ ナ ウ サ キ ヤ ン イ
ヨ イ ヌ ホ ト セ ス ニ イ チ
ミ ラ フ ケ リ ヨ オ レ ケ ゴ
```

ウ

```
カ コ キ サ ツ エ フ カ ラ チ
ヲ ツ ム　 エ ソ ウ エ イ ル
ヲ　 キ ヤ ケ ノ ウ ミ オ オ
ウ ン テ ン ウ ホ ン ケ ニ ヌ
ウ ユ ユ イ ラ　 セ ウ キ ム
マ ナ ア ウ レ シ イ ル ヤ メ
ニ フ ナ レ　 オ サ ヨ イ カ
ウ サ ギ ロ ウ ヲ ヲ イ ク カ
ウ シ ア ヒ タ ヒ ウ マ シ セ
タ キ ヲ ネ エ　 ヨ　 オ ヌ
```

エ

```
ハ エ ケ ラ サ マ エ エ ラ
セ オ キ チ ホ オ ナ ホ イ レ ン
ル フ カ サ サ ヌ ヲ ン ガ エ
ヤ ヘ エ イ ゴ ナ ナ ユ ン ジ
リ ス サ キ レ ア ト ニ ハ ン
エ ム ア タ ス ロ チ エ ロ
モ ハ メ イ ウ エ ヒ マ ア ケ
ワ ア ト ソ メ シ ラ エ ミ ワ
エ ビ タ ス ヤ ノ ラ ダ キ ワ
ネ ト ヘ エ ン ピ ツ ケ ソ ト
```

オ

```
リ オ オ キ イ イ セ テ ス モ
ス ホ ラ ヌ サ キ オ レ セ ル ナ
チ オ オ キ ナ イ ヤ ロ　 ナ ロ
オ オ ト コ ニ ヘ ツ ノ ト
カ ネ ユ レ コ ト リ チ カ
ア エ オ コ シ ス キ オ ト ロ
サ サ ノ オ ト ウ サ ン ス エ
ア　 ン レ セ ナ レ ヘ テ ン
ト　 タ カ オ ン ナ ヤ ワ ス
タ モ ホ オ モ チ ャ レ ホ ラ
```

カ

```
ナ カ イ ダ ン メ ケ ル ホ セ
ル レ カ ヨ ロ ノ カ ゼ コ カ
イ カ ラ オ カ タ ム ウ ア ゾ
ア ミ ス ト サ エ ム カ ナ ク
カ ワ　 エ セ ロ カ イ シ ヤ
ケ チ　 ク ナ カ エ ル カ ヲ
　 ロ ホ リ ヲ ヨ ソ ム バ
セ ユ ン テ リ オ ル ヤ ン テ
ス ル ラ レ ネ キ ラ モ サ ラ
ク ソ ソ ロ ロ カ ク リ イ ラ
```

キ

ヌ	キ	ッ	プ	レ	ケ	コ	キ	ボ	ウ
イ	ヤ	キ	サ	キ	ハ	テ	ツ	ニ	オ
チ	ラ	ユ	キ	ン	ジ	ョ	ネ		キ
カ	ル	カ	ク	ト	ソ	マ	ト	ツ	リ
テ	シ	ノ	サ	ル	キ	キ	イ	シ	ン
ネ	リ	シ	リ	ヤ	ョ	モ	キ	セ	ツ
キ	キ	シ	キ	エ	ウ	ノ	ル	ア	サ
ソ	ホ	ヘ	ン	キ	シ	ル	ナ	ワ	ナ
ル	ソ	ム	ギ	ミ	ツ	ウ	キ	カ	コ
ア	ヌ	ツ	ョ		タ	ホ	シ	ン	ツ

ク

サ	チ	ク	ニ	セ	コ	セ	ヒ	ム	ン	ツ
ネ	ク	ク	マ	ロ	ニ	ホ	ヘ	セ	ユ	
モ	ル	マ	ユ	ヘ	ク	ナ	ハ	ヘ	ユ	
ト	セ	ク	ロ	リ	ル	ル	エ	キ	ソ	
ホ	ノ	ロ	ア	ナ	マ	タ	ク	サ	リ	
ヘ	ク	ツ	ヲ	サ	ネ	ソ	イ	カ	ヲ	
シ	ラ	カ	ム	ト	ラ	ツ	ナ	エ	ミ	
セ	モ	ワ	シ	ト	ク	ヤ	ス	ク	ソ	
フ	ラ	カ	ク	ラ	ジ	ン	レ	チ	キ	
ナ	ソ	ル	ソ	テ	ラ	エ	ソ	ツ	レ	

ケ

ケ	ケ	ン	ガ	ク	タ	タ	テ	ヒ	ユ
ー	ハ	レ	サ	マ	チ	カ	ム	ミ	ユ
キ	ン	ケ	メ	テ	ケ	ニ	セ	ヌ	サ
ヘ	ス	ン	ヤ	フ	ン	ラ	サ	ト	ノ
ナ		ブ	ケ	サ	コ	マ	チ	ケ	サ
ケ	チ	ツ	サ	ル	ウ	ム	セ	イ	ナ
ッ	ス	ヨ	ク	ケ	イ	タ	イ	ケ	ハ
コ	モ	セ	ケ	ム	リ	ョ	ニ	ン	テ
ン	サ	ヤ	サ	ネ		ケ	イ	サ	ツ
ア	コ	チ	ク	オ	ミ	ル	コ	ニ	ツ

コ

モ	シ	コ	ネ	コ	コ	ビ	ト	マ	ネ
ミ	ル	リ	ト	シ	フ	ツ	ラ	ー	コ
リ	チ	ニ	ホ	エ	ラ	セ	レ	ウ	
イ	ユ	ネ	ト	ウ	ヲ	テ	ヒ	キ	エ
タ	ト	ケ	カ	マ	コ	シ	ー	モ	ン
キ	コ	オ	コ	シ	ン	キ	ト	ク	
ロ	ド	オ	ト	テ	ピ	ノ	ム	ヌ	ミ
ノ	モ	モ	リ	ヲ	ュ	ヒ	ワ	ラ	
ヘ	ア	コ	ワ	イ	ー	ホ	メ	イ	ロ
ン	ハ	コ	ト	バ	タ	フ	オ	ヌ	サ

サ

シ	ケ	ヘ	ヲ	ネ	サ	ラ	ダ	ン	ネ
	ソ	セ	ユ	ツ	サ	ト	ウ		ヘ
テ		カ	ウ	レ	サ	ヘ	セ	コ	ロ
チ	ア	ミ	フ	ウ	ワ	ミ	リ	チ	ス
サ	ツ	マ	イ	モ	ル	ヌ	ラ	マ	ム
サ	ヨ	ヲ	サ	ビ	シ	イ	シ	サ	サ
ク	フ	カ	サ	ク	ミ	ラ	ヒ	ク	カ
ラ	サ	サ	ヨ	ウ	ナ	ラ	ヌ	ラ	ン
ン	ニ		ミ	ソ	シ	ケ	エ	ナ	ワ
ボ	ト	ユ	コ	ロ	ヨ	ヤ	ト	ア	エ

シ

オ	シ	ン	ブ	ン	シ	マ	チ	ミ	ヲ
ニ	コ	ア	シ	ハ	カ	ワ	ミ	シ	
シ	オ		ロ	ス	シ	ヌ	ス	エ	ズ	カ
ケ	モ	イ	イ	モ	マ	リ	ミ	ウ	
シ	ワ	コ	キ	ヘ	シ	チ	ョ	ウ	ヤ
ャ	ユ	マ	ア		シ	ン	セ	ン	チ
シ	ニ	ロ	ル	ネ	レ	ホ	ユ	テ	ネ
ン	メ	ユ	ハ	フ	ユ	ミ	ク	ソ	ヨ
ワ	ヲ	ニ		コ	ヨ	メ	オ	シ	ア
ワ	ン	ケ	ン	シ	ケ	ミ		ケ	

ス

```
フ ク ネ ス キ セ ス イ エ イ
ス ル ス ワ ル ク ケ ッ ト オ
ス ミ レ ニ ス ハ コ テ ワ ヘ
ネ ロ ネ ン ズ ニ リ ラ イ メ
ン ロ ナ エ シ テ レ カ ス ッ
ス オ ト マ イ ナ カ セ ッ セ
イ ハ マ チ ヒ ウ リ ナ ピ タ
カ ウ ス ス ゴ イ ニ ヲ ン ト
ノ タ ソ ス カ ー フ ソ ノ ラ
メ 　 ヨ エ 　 ヘ ヤ リ ン サ
```

セ

```
エ レ セ カ イ ヤ タ ア ト ン
ネ 　 エ ニ セ 　 ヤ フ シ ム
ラ フ ト 　 イ セ ン タ ー セ
セ ン タ ク カ ラ ユ ヌ ト ッ
オ ン ト リ ッ テ ス セ ニ ケ
ツ セ ン プ ウ キ ョ ン ケ ン
セ ン セ イ ヒ ウ モ タ ツ ラ
ス ア セ ン ソ ウ 　 ク 　 オ
リ ト フ セ ー タ ー キ テ ム
ヨ ホ 　 ケ フ ク マ テ ワ ヒ
```

ソ

```
ル ナ コ 　 イ キ ラ ヨ フ イ
ム ヌ ナ タ ス ソ フ ァ シ ン
ソ ソ ソ ン グ タ ル キ ラ ウ
ム ッ ホ ト ソ コ ユ ソ ヒ ロ
カ ク ハ ケ ウ モ オ ウ ヲ ソ
メ ス ソ ラ マ メ シ ジ ソ タ
リ ハ ノ ソ ー ダ ノ ソ セ 　
エ リ ソ ナ ス ク カ ン ク ウ
ヨ オ ム テ ル メ ヤ バ リ ヘ
ナ モ チ イ ヤ ネ ケ ニ ヘ ユ
```

タ

```
ツ タ イ ム タ ケ ワ タ タ コ
ツ ベ チ サ ヒ ワ カ ク セ レ
　 ル カ テ ハ ウ コ シ タ ノ
オ ヤ ヒ カ ケ セ ケ ー 　 ワ
タ ワ ー サ タ イ ト 　 シ ヘ
テ コ ア オ メ ホ ヨ テ ツ ホ
ラ タ マ ゴ ク シ タ タ コ ヲ
タ ヌ ン ヤ ラ レ イ オ ホ 　
メ ノ ム ヒ メ カ ガ ル リ ツ
ヤ メ 　 タ ネ マ ー ク ツ サ
```

チ

```
チ ホ コ カ ケ メ チ ケ ッ ト
ェ タ テ チ ヘ ヲ ユ ユ ユ ハ
リ イ ワ ュ ヲ ト ヒ ワ タ オ
ー ロ ル ー ユ ヒ ツ レ メ チ
エ チ レ リ ヌ ヌ ユ ヤ イ ョ
シ ャ チ ッ チ カ ラ キ ケ コ
メ ン ャ プ タ チ ー タ ー レ
チ ス イ シ ュ チ ー ム コ ー
ー ノ ル キ ヌ ノ カ ナ ル ト
ズ フ ド ホ テ オ ロ 　 ヌ ホ
```

ツ

```
ム ラ ハ フ ン チ ツ ツ イ ン
ツ リ ー ソ ヨ ワ ル ナ ノ セ
ツ ヨ ウ ウ イ ス 　 オ ロ コ
レ ケ 　 ー ス ス ウ ト レ 　
ヨ イ ケ ル メ ソ 　 タ カ 　
ヌ ク ツ キ ル ナ ツ イ ー ト
ツ ア ー ヨ ン ア ン ヲ ミ ケ
ウ ヲ ニ ヲ メ テ ナ フ ラ ノ
モ 　 キ ス ヌ ム ミ リ ン シ
ネ キ ロ ヘ ナ ウ イ チ テ ク
```

テ

```
ル イ ハ ハ キ 　テ ノ メ フ
ラ 　ム ヘ 　ヨ 　リ テ 　テ
ユ ヲ カ テ ス ト プ テ 　ニ ス
ナ テ モ ヤ ラ リ ホ イ 　サ ス
ニ キ ヘ ソ ケ ア ヘ ー 　ス エ
キ ス ネ リ テ イ ッ シ ュ 　シ ウ
ム ト サ ウ ヤ テ チ ャ モ ウ
ハ テ ー ブ ル ワ タ ツ ヲ ユ
テ テ レ ビ ン 　イ ワ エ イ
ッ ト 　ミ ロ ア ヲ テ ン ト
```

ト

```
ナ ア ソ コ モ ラ ワ ヤ ヒ
フ エ カ ン ト ゥ イ ン ク ル
ト イ レ ッ ト ペ ー パ ー ウ
セ ト ラ ン ペ ッ ト ウ セ ト
ニ マ ユ ロ ネ ト コ ウ ト ラ
ト ヲ ヤ ミ キ ー リ コ マ ッ
ル ト ト イ レ ス シ ナ ト ク
コ ン ヤ ラ ト モ ケ シ テ
ワ ネ テ キ タ ア サ ツ ク ヒ
ム ル キ コ テ ト ル ネ ー ド
```

ナ

```
レ テ ユ マ ン ニ ナ イ ス ム
ミ ヘ 　メ ロ ミ レ ナ ヨ ワ
レ タ 　セ エ ヨ ウ ビ 　ワ ン
ヤ ナ ー ス ナ ナ ナ ゲ ヤ マ
ヒ ヘ リ ナ マ ッ バ ー テ ナ
ホ ス マ ッ ケ プ ン シ ナ イ
コ テ ユ ツ モ サ ー ョ イ ト
オ シ ハ ワ ノ ノ ン フ ヨ
カ ナ シ ネ ロ ク エ ト マ ネ
ク ミ オ ル ヨ ヘ フ シ ソ ナ
```

ニ

```
ヤ 　ハ マ ミ モ メ ニ ウ
ヲ シ ワ ヤ シ ニ ヨ ニ コ ネ
ロ ヘ ト ム エ コ ハ ニ ニ ン
ニ ス リ ア セ ヨ サ ヨ ー テ
ッ ノ ス ヘ ホ ナ ニ モ ン
コ ニ ン ジ ン ト ュ オ ウ ド
リ コ ナ ニ ッ ト ー ク ウ
ツ ヘ ワ モ ヌ ク ス ニ ウ メ
ニ ュ ー ト ラ ル オ ガ ツ メ
リ ヨ ユ テ カ 　キ テ ラ マ
```

ヌ

```
ヌ ム チ ン ワ ト ン ヌ ヒ ノ
リ ソ ヤ テ ヌ マ ヌ ク レ
エ ヌ チ ヌ ヌ ル レ モ ノ ニ
ヒ イ リ イ ユ ノ ル リ ス ウ
ニ グ サ バ リ ヲ ヌ ー ド ル マ
サ ル レ ワ モ ム ツ ス ア
ケ ミ タ ヌ ア ヌ チ タ タ
ワ ミ ケ ニ メ チ キ ヘ ネ
カ ケ ク ヘ ハ リ ニ ト ス
ヨ レ ル ス レ ン ニ ル
```

ネ

```
ト タ セ ホ ケ チ ヌ 　カ エ
キ ン オ フ 　ユ シ ネ オ ン
ネ ア 　マ ム ワ ヒ ワ メ ケ
モ リ ネ ガ テ ィ ブ ネ イ ル
ワ ヤ ヨ ヘ ネ ッ ト ワ ー ク
カ ル セ ネ プ チ ュ ー ン
ヌ ネ チ パ ナ 　ナ ネ コ ネ
チ ラ ラ ー モ リ ネ ズ ミ ク
ヘ ホ オ ル 　ヌ イ チ ノ
ユ ウ ネ ッ ト ソ ニ ニ メ イ
```

ノ

```
ノ ア ニ ケ ア ラ キ ノ イ ズ
ヤ ヨ ノ ー マ ル マ   リ ヲ
コ メ ー ル ノ ヌ ユ ノ ヲ
ノ タ ベ ハ フ リ ワ ミ   ベ
ー シ ル ヲ ソ ラ   サ ー ン
ス ヘ ヒ ミ ム ヌ イ ニ ト バ
リ ノ ー ト パ ソ コ ン ノ
ー ト ヘ ヌ マ ヒ レ ン ツ ナ
ブ ル テ ヒ ン マ マ ケ ク ナ
ヒ マ ス セ ノ ル ウ ェ ー キ
```

ハ

```
ホ ノ   ク イ ハ サ ミ ハ
ユ ホ ハ イ ウ ェ イ ツ ム リ
ハ ン カ チ タ ノ ユ ハ ノ ネ
ワ ハ ロ ウ ィ ン カ ン ハ ズ
セ ソ ヤ タ レ マ ロ バ シ ミ
エ ヒ ヤ ヲ マ シ コ ー マ ヤ
ハ ー ト ヨ ソ イ ホ ガ ケ ク
ム ヒ ヲ ツ ク   キ ー ネ テ
ヒ サ ネ ハ ン ド バ ッ グ ラ
ヒ ク ト オ ロ ツ レ ハ チ カ
```

ヒ

```
  ヘ チ ヒ ー タ ー ス ウ ヒ
  ン ツ ア ク ラ   カ タ メ ュ
ヒ ホ ヒ マ ワ リ ヒ ウ ハ ー
ッ ヒ   ノ マ エ ト ヒ コ マ
ト ー ン キ ヘ イ テ ッ エ ン
ロ ロ ユ ツ ヒ カ セ プ チ ヤ
ル オ ム ー サ ヒ ホ ソ
ツ テ ソ オ リ   ト ッ ス ホ
チ ア ラ ノ ン ラ デ プ ニ ク
ロ キ ヒ ヌ グ ヒ ツ ジ ヤ ヤ
```

フ

```
ス ヒ フ ル ー ツ イ イ ハ ホ
ク フ レ ン ド コ ミ レ ワ ト
ミ ヤ フ フ ラ ワ ー ワ ネ ケ
ニ セ リ フ ッ ト ボ ー ル ワ
ハ リ ク ヒ ユ ト フ ォ ー ク
ク レ ア ナ コ フ ラ イ ト フ
レ   ヤ フ ィ ル ム ネ ル ァ
フ ァ ー ス ト ロ ハ オ   イ
チ カ ツ ホ チ ワ ム ノ カ ヤ
ル ヒ ファッション ケ ー
```

ヘ

```
ヘ リ コ プ タ ー モ シ ヘ シ
ク ヘ ア バ ン ド サ ト ヴ
ハ ラ ケ タ ハ ト ク リ ィ ア
  ヤ   ヘ ル シ ー ヌ ネ ド
ナ コ ユ カ シ ソ ネ ヌ ネ ラ
ヘ ツ ヘ ッ ド フ ォ ン エ イ
タ ヌ ワ ヘ ア ス タ イ ル ヤ
ア レ ヘ ッ ド ラ イ ト ヘ
ト モ セ ト ン ニ イ ヘ ビ ト
ヘ ル メ ッ ト チ ト セ ア ロ
```

ホ

```
ホ ッ プ ト キ テ ン ホ ウ ニ
ム ホ ッ ト ド ッ グ ヒ ア マ
ニ ニ ホ ホ ホ ホ テ ル ク コ
ル ホ ー タ マ ビ ヨ メ エ シ
チ ワ ム ニ ム ー チ   サ ヤ
ミ イ ツ   オ ロ ム ハ ヨ ア
リ ト ホ ー ル ホ ッ チ キ ス
テ エ ノ ホ ッ ト ケ ー キ
ム チ ル ケ ヒ ス ヌ ネ ヤ ヘ
チ モ ホ ッ キ ョ ク グ マ レ
```

マ

```
ネ ミ サ ロ マ ト セ イ イ サ
オ ノ タ ハ ッ ナ ヌ ヒ マ メ
ア ミ キ サ コ ヘ ヒ ン デ テ
ア シ イ テ ー ヨ ノ チ マ
マ ヨ モ ツ ジ モ ノ ン ー ス
ラ ア ー マ ー ケ ッ ト ゥ ム
ン ニ ヤ ッ サ マ リ マ ス
モ マ ホ プ フ ス オ カ ム
ケ ン フ ト ミ ク ラ ヨ ネ キ
エ ガ レ ル マ ジ ッ ク ラ マ
```

ミ

```
ヨ ス ミ ッ シ ョ ン コ ヌ ヨ
ユ ニ ミ リ メ ー ト ル テ ラ
ミ ア メ ソ ニ ミ ツ バ チ ミ
ル ト ハ ミ ュ ー ジ ッ ク ラ
ク オ ミ ー ト ス ウ ヨ マ ー
レ ス ソ チ サ ヌ ウ ケ ニ ヨ
ミ ュ ー ジ シ ャ ン ウ ミ
サ ケ ニ イ セ ミ キ サ ー ニ
イ ク タ ク カ キ ハ ロ サ バ
ミ マ カ ミ メ チ ノ ヌ オ ン
```

ム

```
ケ ン カ ン イ キ キ ム ー ド
ミ ム リ ケ コ ナ ミ メ モ ソ
ロ ケ ム ス コ ク モ ヒ ヒ ム
ト ア ナ ン サ ム ラ ル オ ン
フ コ ユ ロ ケ ン リ オ キ ワ
ケ ム ギ ロ シ ツ マ オ ネ ワ
チ ム ニ ワ ワ ム ホ ヒ ヘ ソ
シ ー ヒ サ ヘ ス オ ム ス ウ
テ ビ ム エ エ メ ヨ シ ニ ヒ
ノ ー ム ネ オ ネ ヌ モ サ ヘ シ
```

メ

```
ヌ メ ト メ ー ル ヒ チ
ノ メ キ ツ ヲ ノ ア シ ヘ
セ ニ シ ネ メ ン ネ メ ガ ネ
セ ュ コ ム ヤ テ レ ヲ メ
サ ー メ デ ィ ア メ モ ノ タ
メ ロ デ ィ ー ヨ ダ ン ク ル
ホ ツ カ ワ ホ レ ル ハ ン ス
ア カ ク ネ ン レ メ ザ マ シ
ロ セ ロ ル ロ ネ ア タ ネ ラ
ヘ メ ッ セ ー ジ ツ ヤ ヌ ル
```

モ

```
ト サ ス モ ソ ミ ト ア ノ
ニ ミ ル ッ モ ー シ ョ ン
サ モ ヘ プ サ ミ イ オ ホ タ
ヒ チ モ ー ニ ン グ ミ レ サ
ナ ヌ モ ー ダ ー ヲ セ モ
モ ク サ モ モ イ モ ミ メ デ
ン メ ケ モ バ サ ン ム ル
ス セ ソ エ イ ノ キ エ ワ
タ リ ナ カ ル モ ー ホ ヌ カ
ー ユ ヘ イ サ モ ム ネ モ ナ
```

ヤ

```
ラ ヲ ム ヤ マ シ イ ワ ム ニ
マ ヤ バ イ ト ハ ツ ハ ネ ネ
ス ヤ ギ ム マ チ シ サ カ
ヲ ア ミ ヤ ホ ヤ マ ウ ヒ ヤ
ヤ ス ム シ ャ フ エ フ ト リ
ド チ リ ミ ガ ム イ セ ト
ク ア ム カ テ ラ ヨ ン ハ
ア マ ヨ ユ ヒ ツ ヤ エ ヌ ヒ
ミ レ ヤ ク ノ オ カ サ ス
ヌ エ レ ワ ル タ ン ウ サ ナ
```

ユ

```
テ キ ヒ ネ ホ ユ ー ス ノ テ
ソ ネ ユ ビ ウ ム テ ロ ナ ホ
ロ チ ラ ウ ク チ タ ヨ ロ レ
フ ノ メ リ メ メ ネ ロ メ ワ
ル ホ ナ リ ュ ト ー ラ ネ
ハ ヌ ハ ア カ セ ニ モ テ オ イ
ハ ユ ニ フ ォ ー ム ア セ イ
ユ ニ ー ク キ マ ミ ト チ ユ
ユ ー ザ ー イ タ ユ ロ ハ デ
モ ケ ネ カ ユ レ マ ユ ミ ル
```

ヨ

```
サ ニ ノ ロ ヨ ヤ ヨ ッ ト ワ
ヨ ア フ ブ ヨ ム ラ ウ エ
グ マ ハ ソ ヨ ー ロ ッ パ
ル ニ ロ ネ ン モ ヨ カ ユ ヨ
ト ヌ ヨ カ リ ス ホ ヌ ケ カ
メ ダ ソ ヨ シ タ ヨ ゴ レ
ロ ト レ ア シ ル テ イ ハ
テ カ カ キ ケ コ ヌ レ イ ヲ
シ サ ケ マ ヲ タ ワ リ エ
ア ソ フ ノ ス ニ ソ ロ ユ
```

ラ

```
レ レ チ ア ウ ラ ジ オ レ
ラ ウ ス ヘ ロ ヲ イ ル サ ッ
ー ソ レ ノ ヌ ン ト シ ョ フ
メ ネ ヨ ヌ ラ イ オ ン テ ニ
ン ハ ル ラ レ ア ヲ ツ ラ ニ
カ カ ラ ラ ヘ ウ エ ツ ン ラ ン ク
タ ナ イ イ エ ア ッ ン チ
ホ コ ネ シ ラ リ フ ー マ オ
キ ヘ ン ュ ン チ ヘ ン モ ユ
ユ メ モ ー プ ヤ ワ グ ツ ユ
```

リ

```
ミ ナ ロ リ テ リ モ ー ト
マ ヨ ミ ヲ フ ウ リ レ セ
テ ン ハ フ シ ヌ イ ヘ
フ ム ソ イ ウ フ チ ミ シ
リ ボ ン ケ リ ー ダ ー ヨ
マ ロ リ ス ト ユ ミ フ オ ム
ヲ リ ズ ム リ ク タ タ ラ ヘ
ヌ リ ス ク ン セ ム フ ン フ
リ ン ゴ キ グ テ ラ リ ム ウ
リ サ イ ク ル ス ヒ ア セ ム
```

ル

```
ヲ リ ュ ッ ク サ ッ ク ル ハ
エ ム ハ レ オ ウ ー ウ
ム ス ム ー カ レ ヨ ト コ
ワ コ メ チ ヨ ー ル キ ヌ ヌ
ロ ヤ ニ ン レ ム イ ル ル エ
ヘ モ ル ー プ メ ケ ー ケ ム
ス ク モ ネ セ イ イ ク ム ロ
レ カ ヘ カ ム ノ ネ オ
ウ ル ー ル ブ ッ ク ル ー ル
コ ク セ ヤ ヤ セ ト ン マ
```

レ

```
エ ン レ ー ザ ー ノ ヤ ワ タ
ル タ ホ ホ テ ニ ヤ ヒ ン コ
ヤ ヌ ス ト サ ア ニ ク ノ ユ
レ レ ン シ ュ ー ユ ム レ ヲ
ス オ リ ケ ツ リ レ シ ピ ワ
ト コ コ レ レ ラ チ ン レ
ラ カ ハ ベ ユ ギ ヒ ル ー
ン ト テ ル マ ュ レ レ レ ス
ヘ ヤ ワ エ ス ラ ン モ キ ヨ
コ ワ ヒ シ ー ジ ン シ ホ
```

ロ

```
フ サ フ カ ヘ シ コ ヲ
エ ロ ナ ホ ロ ボ ッ ト タ イ
ス ー セ ケ ケ ロ ウ ジ ン マ
エ プ ツ エ オ ウ ウ ロ リ
ヨ ヘ ア ネ ロ タ ル ケ エ
ク ン キ ヌ ニ ー ル ケ ヤ
ロ ー ド シ ム カ ン ッ ヤ
ー ソ ク ム ル ト ノ モ
ス エ ル ト ヨ テ モ ホ ナ
グ レ ロ マ サ ロ マ ン ス ユ
```

ワ

```
ソ ヲ エ ワ カ イ セ ユ ナ キ
モ ロ ヌ ネ ワ キ エ メ ケ
ン ワ ロ ル ホ ホ タ サ
タ カ ー ワ シ ュ ナ ム
イ ノ ル ソ ワ イ シ ャ ツ ミ
ム コ ド ソ ワ ム ミ ヘ メ ソ
サ ワ シ ン ト ン リ セ テ カ
テ チ チ ン サ マ ハ ス レ ナ
ワ ン ダ フ ル シ ン ワ タ シ
ワ ー ム ニ セ ル メ ニ ア カ
```

YOU MADE IT!

Publishing Details (Impressum) is required under Austrian law:

Katakana Kids

© 2023 Christopher Hacker

Graz, Austria

Contact: chrisomatico.pod@gmail.com

Made in the USA
Las Vegas, NV
05 December 2023

82151458R00057